Jutta Dirksen

Wagnis Freiheit

Pater Franz Reinisch

Patris Verlag • Vallendar-Schönstatt

Die Deutsche Bibliothek – CIP-Einheitsaufnahme

Dirksen Jutta:
Wagnis Freiheit : Pater Franz Reinisch / Jutta Dirksen. -
Vallendar-Schönstatt : Patris-Verl., 1993
ISBN 3-87620-167-5

Umschlaggestaltung: Hildegard Hug
Satz: Patris Verlag GmbH, Vallendar
Herstellung:Print Produkt-Service, W. Hiese GmbH
ISBN 3-87620-167-5

Für Petra

Inhaltsverzeichnis

II. Teil Warum verweigerte Franz Reinisch den Soldateneid auf A. Hitler und damit den Militärdienst unter der nationalsozialistischen Fahne?

Vorwort

Am 8. August 1943 schrieb Kardinal Aloysius Maglione auf Anweisung Pius' XII. an den Generaloberen der Gesellschaft der Pallottiner: "...Was Sie sodann in einem dritten Schreiben dem Heiligen Vater über die Zahl der im Kriege Gefallenen und Verwundeten und über jene berichtet haben, die ihrer Freiheit beraubt und in Konzentrationslagern dem Elend preisgegeben sind, das hat eine Wunde berührt, an der der Heilige Vater schon lange schwer leidet. Sie haben in einem eigenen Brief das Beispiel jenes Mitbruders beschrieben, der mit dem Fallbeil hingerichtet wurde. Der Heilige Vater ist im Zweifel, ob er Euch wegen des Verlustes eines Mitgliedes von solch hochherziger Haltung beklagen, oder ob er Euch zur Glorie, die jener erworben, seinen Glückwunsch aussprechen soll..." Dieser Mitbruder, der am 21. August 1942 in Brandenburg/Havel durch das Fallbeil enthauptet wurde, trägt den Namen Pater Franz Reinisch. Er gehört zu einer kleinen, bis heute in der Öffentlichkeit wenig beachteten Minderheit, die es wagte, den Soldateneid und damit den Kriegsdienst unter der nationalsozialistischen Fahne in Deutschland zu verweigern. Jeder wußte damals, daß eine solche Weigerung nur um den Preis des Lebens möglich war. Trotz dieser Gewißheit und trotz Aufforderungen sowohl von Freunden und Mitbrüdern als auch von seinen Ordensoberen und zwei Bischöfen, von denen einer ihn sogar "knie- und fußfällig" darum bat, den Eid zu leisten, hielt Pater F. Reinisch an seinem einmal gefaßten Entschluß fest und bezahlte für diesen mit seinem Leben.

Welche Gründe und Motive haben Pater F. Reinisch zu diesem Verhalten bewogen? Ist diese Eidverweigerung nicht ein billiges Wegwerfen seines eigenen Lebens gewesen? Hätte er sein Leben nicht sinnvoller einsetzen können, wenn er als Sanitätssoldat – der jeder einberufene Kleriker damals wurde – in den Krieg gezogen wäre? Wie verteidigte er sich gegenüber seinen kirchlichen Oberen, die ihm Ungehorsam sowohl gegenüber dem Staat als auch gegenüber der Kirche vorwarfen und von einem irrigen Gewissensentscheid sprachen? Und was verband er schließlich für sich persönlich mit dieser Eid- und Kriegsdienstverweigerung?

Die Absicht dieses Buches besteht darin, nach Antworten auf diese und andere Fragen zu suchen. Damals wie heute stellt sich die Frage nach dem Warum des Handelns von Pater F. Reinisch. Nach heutigem Wissensstand ist er nicht der einzige, der den Soldateneid und damit den Kriegsdienst im nationalsozialistischen Hitler-Regime verweigert hat; aber er ist mit großer Wahrscheinlichkeit der einzige katholische Priester, der so gehandelt hat.

Um dem Warum des Handelns von Pater F. Reinisch näher zu kommen, bemüht sich dieses Buch in seinem ersten Teil um eine möglichst genaue und problemorientierte Lebensdarstellung Pater F. Reinischs. Das Hauptgewicht soll dabei auf die Jahre 1933 bis 1942 gelegt werden, in denen Pater F. Reinisch seine ablehnende Haltung gegenüber dem nationalsozialistischen Regime in Deutschland und besonders dessen Weltanschauung verfestigte, und in denen er seinen Entschluß, den Fahneneid auf A. Hitler zu verweigern, faßte und durchführte. Zusätzlich wird dieser Lebensabriß durch eine Darstellung der geschichtlichen Situation, in deren Rahmen die Entscheidung Pater F. Reinischs diskutiert werden muß, ergänzt. Dadurch werden wichtige Voraussetzungen für die im zweiten Teil der Arbeit folgende Darstellung, Auswertung und Diskussion der Gründe und Motive für seine Eid- und Wehrdienstverweigerung geschaffen. Dieser zweite Teil kann helfen, den Entschluß Pater F. Reinischs zur Eid- und Kriegsdienstverweigerung soweit möglich zu verstehen, ihn im Kontext der damaligen kirchlichen Reaktion gegenüber dem nationalsozialistischen Regime zu sehen und gegebenenfalls davon abzugrenzen, und letztlich soll er dazu dienen, Pater F. Reinischs Bedeutung und Relevanz sowohl für die Geschichte als auch für die Gemeinschaft der Christen zu erkennen.

Jutta Dirksen

I. Teil

Die Ereignisse der Jahre 1903-1942 in ihrem geschichtlichen Zusammenhang

1.1. Kindheit – Jugend – Studium (1903-1923)

Franz Reinisch wurde am 1. Februar 1903 in Feldkirch-Altenstadt (Vorarlberg/Österreich) geboren. Er war das zweitälteste Kind der Eheleute Franz und Maria (geb. Huber) Reinisch, die insgesamt fünf Kinder hatten: zwei Söhne und drei Töchter. Sofort am nächsten Tag, dem 2. Februar 1903, wurde Franz getauft und aufgrund des Festtages "Mariä Lichtmeß" durch seine Eltern der Gottesmutter geweiht. Dieser Weiheakt deutet schon auf ein tiefes religiöses Leben in der Familie Reinisch hin. Franz und Maria Reinisch gehörten dem Dritten Orden des hl. Franziskus und der Marianischen Kongregation an. Besonders ihre marianische Frömmigkeit muß hervorgehoben werden, die sich auch in Franz Reinisch fortsetzte und zu einem nicht zu unterschätzenden Faktor für seine Entscheidung zur Eidverweigerung wurde. Im April 1903 mußte die Familie infolge einer Versetzung des Vaters, der als Steueradministrator bei der Landesdirektion tätig war, nach Bozen, 1906 aus demselben Grund nach Bruneck und schließlich 1908 aufgrund einer letzten Versetzung nach Innsbruck umziehen. Für die damalige Zeit sicherlich noch ungewöhnlicher als für die heutige sorgte in der Familie Reinisch der Vater in der Hauptsache für die Erziehung der Kinder. Er wird als "kerniger Tiroler" und "überzeugter Katholik" beschrieben, der sehr musikalisch und humorvoll, auf der anderen Seite jedoch auch sehr konsequent und unnachgiebeig in seinen Forderungen gewesen sein soll. Die Mutter wird dagegen als eine Frau umschrieben, die nie besonders viele Worte machte und in der

Erziehung mehr auf eigenes Vorleben und Beispiel als auf viele Ermahnungen setzte. Über seine Kindheitsjahre schrieb Franz Reinisch später im Gefängnis folgendes: "Ich hing in meinen Kindheitsjahren mit tiefer Verehrung und Liebe an meiner lieben Mutter. Besonders freute ich mich, wenn Mutter mich zu den herrlichen Maiandachten in die Jesuitenkirche mitnahm. Da wuchs in mir eine ganz große Marienliebe, die mich zu stillen Betrachtungen drängte. Gerne sammelte ich Heiligenbildchen. Beim Anblick des Kreuzweges konnte ich einen Zorn bekommen auf die bösen Menschen, die den lieben Heiland so grausam quälten, und aus Mitleid bitterlich weinen, wenn ich Jesus und Maria auf dem Kreuzweg innerlich begleitete. Doch eines hatte ich immer in mir, meine Gefühle nicht nach außen zu zeigen. So zog ich mich zu solchen Betrachtungen zurück oder hielt dieselben, wenn niemand zu Hause war"[1]. Nach dem Besuch der Volksschule kam Franz Reinisch im September 1914 auf das Gymnasium in Hall/Tirol, welches von Franziskanern geleitet wurde. Gemeinsam mit seinem älteren Bruder Andreas wohnte Franz im Leopoldinum, dem Internat der Franziskaner. Besonders in den ersten Jahren seiner Gymnasialzeit orientierte sich Franz sehr stark an seinem Bruder, der zu dieser Zeit, aufgrund einer tiefen Verehrung für einen bestimmten Franziskanerpater, selbst den Wunsch hatte, einmal dem Franziskanerorden beizutreten. Weil sein Bruder dieses Ziel verfolgte, wollte auch Franz Franziskaner werden. Als jedoch dieser sich umentschloß, so berichtet Franz Reinisch in seinem Lebensrückblick, "das Priestertum nicht zu erstreben, war auch für mich die Frage entschieden"[2]. Nach und nach verlor der ältere Bruder für Franz an seiner Vorbildfunktion, und als die Brüder nach dem fünften Jahrgang (1919) aus dem Internat auszogen und gemeinsam in einer Wohnung in der Stadt lebten, gingen beide ihre eigenen Wege. Im Gegensatz zu seinem Bruder, der sich mit Vorliebe der Mathematik widmete und den ganzen Gymnasial- und Studentenbetrieb sehr nüchtern einschätzte, begann Franz, das freiere Leben außerhalb des Internats in vollen Zügen zu genießen. So trat er am 14. Mai 1919 der Gymnasialverbindung "Stern-Corona" bei, an deren Treffen er mit Begeisterung teilnahm. Auf einem Fest traf er dann auch seine erste große Liebe, an der er trotz der Zurechtweisung durch seinen Vater mehr als zwei Jahre festhielt. Nun achtete Franz besonders auf die Pflege seines Äußeren und leistete auf dem Gymnasium nur noch gerade so viel, daß er nicht seine Versetzungen gefährdete. Gleichzeitig war er jedoch auch Mitglied der Marianischen Studentenkongregation, und in seinem Lebensrückblick vermerkt er im Gegensatz zu seinem freien und vergnüglichen Lebensstil dieser Jahre, daß eines in ihm immer wach geblieben war, "die Liebe zur mar. Studentenkongregation und damit zur lb. Gottesmutter und zum eucharistischen Heiland"[3]. An das Priestertum dachte er zu dieser Zeit jedoch noch keinesfalls.

Im Sommer 1922 legte er das Abitur ab, womit er vor der Berufswahl stand. Um seiner großen Neigung zur Technik folgen zu können, reichten die finanziellen Mittel seiner Eltern nicht aus; deshalb entschloß er sich wie sein Bruder zum Jurastudium. Am 28. September 1922 wurde er in der juristischen Fakultät der Leopold-Franzens-Universität in Innsbruck eingeschrieben. Sofort trat er der katholischen deutschen farbentragenden Studentenverbindung "Leopoldina" (C.V.) bei, deren Wahlspruch: "Unverrückbar wie die Berge der Heimat" er durch den Zusatz "steht unser Glaube an Christus und Maria"[4] ergänzte. Auch in dieser Studentenverbindung war er bald sehr geschätzt, da er ein vornehmer und gewandter Gesellschafter war, der oft vor Begeisterung und Witz sprühte. Er legte wieder großen Wert auf sein Äußeres, zog sich manchmal dreimal am Tag um, rauchte viel, tanzte gern und war ein ausgezeichneter Klavierspieler. Bei diesem geselligen Treiben entdeckte er seine zweite Liebe, worauf wieder eine ernste, jedoch von Franz unbeachtete Zurechtweisung durch den Vater, er solle doch erst etwas lernen und leisten, bevor er an so etwas dächte, erfolgte.

1.2. Berufung zum Priester – Pallottiner – Schönstätter

Im März 1923 kam es dann zu einem Erlebnis, von dem Franz Reinisch später selbst sagte, daß es für seine folgende Entwicklung entscheidend war. Am Ende des Wintersemesters erhielt er von Kurt Schuschnigg, dem späteren Bundeskanzler von Österreich, der zu dieser Zeit Senior der katholischen Studentenverbindung "Austria" war, eine Einladung zur Teilnahme an dreißigtägigen Exerzitien in Wyhlen bei Basel. Diese Exerzitien wurden von dem bekannten Pater Dunin-Borkowski SJ für junge Akademiker gehalten. Franz Reinisch nahm die Einladung an. Als sein Vater davon hörte, sagte er nur zu seiner Frau: "Was der noch alles anfängt." Er maß diesem Entschluß also nicht allzu große Bedeutung bei, so wie es Franz Reinisch zu diesem Zeitpunkt sicherlich auch nicht tat. Erst einige Monate später erkannte er die tatsächliche Relevanz, die diese Exerzitien für sein Leben haben sollten. In seinem Lebensrückblick erzählt Franz Reinisch: "1923 war die Inflation in Deutschland, und so konnte ich mit österreichischer Währung etwas anfangen. Ich entschloß mich kurzerhand, das folgende Semester in Kiel zu belegen. Dort beginnt in mir ein heißes seelisches Ringen. Ich sah das religiös-sittliche Elend dieser Hafengroßstadt mit den Augen der vierwöchentlichen Exerzitien an. Da brach in mir die Sehnsucht auf: Für Christus den König Seelen zu gewinnen. Juli 1923 kehrte ich nach Hause zurück mit dem Entschluß, Priester zu werden."[5]

Dieses besprach Franz Reinisch zuerst mit seinem Vater, zu dem er "restloses Vertrauen" hatte. Sowohl er als auch seine Frau waren sehr erstaunt, von diesem Entschluß zu hören. Obwohl der Vater eher skeptisch war, ob Franz auch für diesen Beruf geeignet sei, gab er ihm die Chance, sein Studium zu wechseln, und räumte ihm auch die Möglichkeit ein, falls er es sich anders überlegen sollte, "jederzeit" zum Jurastudium zurückzukehren. Wie ernst Franz Reinisch jedoch seinen Entschluß nahm, belegt die Tatsache, daß er zu allererst jede Art von Beziehung zu seiner Freundin abbrach, die sehr unter dieser Trennung litt.

Dem Rat eines Jesuitenpaters und seines Vaters folgend, belegte er zunächst zwei Jahre lang scholastische Philosophie in Innsbruck, um seine Entscheidung weiterhin überprüfen zu können. Nach diesen vier Semestern trat er dann endgültig im Herbst 1925 in das Priesterseminar in Brixen ein. Ehemalige Mitstudenten aus dieser Zeit berichten, daß Franz Reinisch mit seinem Entschluß zum Priestertum keineswegs sein heiteres und lebensfrohes Wesen verloren hatte; einer bezeichnet ihn als "Luftikus", von dem er nicht recht geglaubt hatte, daß er zum Priestertum berufen sei. Einem anderen Mitstudenten fiel jedoch auf, "daß es Franz Reinisch besonders ernst nahm. Es war als liefe er uns voraus. – Er wurde nach nur drei Jahren Seminarzeit mit einigen anderen für die Priesterweihe vorgeschlagen. Die Mittheologen mußten allerdings einverstanden sein. Und das waren sie: Bei der Abstimmung waren sie einstimmig für ihn, ein Zeichen der Wertschätzung und der Hochachtung, die er genoß. Und so wurde er mit nur 3 Jahren Seminarzeit geweiht"[6]. Wie es in Franz Reinisch zu dieser Zeit tatsächlich aussah, erzählt er selbst: "...der endgültige Entschluß zum Priestertum wurde mir von Tag zu Tag schwerer, je näher die Entscheidung an mich herankam. Ich bat den Vorstand des Seminars, mir die niederen Weihen erst ein Jahr später geben zu lassen. Vielleicht bin ich dann klarer. Es begann das dritte Jahr Theologie. Ich nahm die niederen Weihen an. Doch das Subdiakonat stand wie eine unerfüllbare Forderung vor meiner Seele. Die vorbehaltlose Hingabe auf Lebenszeit, auf ewig, das schien mir zu schwer. Ich war nahe daran auszutreten. Anfangs April 1928 wurde es auf einmal ruhig und klar in mir. Der Entschluß, am 13. Mai 1928 die Subdiakonatsweihe empfangen zu wollen, stand nun fest. Es wurde viel für mich gebetet."[7] Diese etwas ausführliche Darstellung sollte zeigen, daß Franz Reinisch es sich mit wichtigen Entscheidungen nicht einfach gemacht hat und sich immer wieder selbst hinterfragte, weil er sich seiner eigenen Schwachheit bewußt war. Er stellte immer hohe und radikale Anforderungen an sich selbst, die er jedoch meistens nicht mit der gleichen Radikalität erfüllte, vielleicht auch gar nicht erfüllen konnte, da diese Anforderungen zu hoch gesteckt waren. Dieses stellte für ihn ein Dilemma dar, unter dem er ständig litt. Auch in seinen Motiven für die spätere Eidverweigerung spielte dieser Charakterzug eine wichtige Rolle. Franz Reinisch wurde also am 13. Mai 1928 zum Subdiakon und am 29. Juni 1928 von Bischof Dr. Sigismund Waitz in Innsbruck zum Priester geweiht. Am 1. Juli 1928 feierte er in Innsbruck-Wilten seine Primiz in der Wallfahrtskirche "Unsere Liebe Frau unter den vier Säulen", in der seine Eltern getraut worden waren.

Schon im Priesterseminar in Brixen hatte Franz Reinisch durch einige Mitstudenten, die dem Pallottinerorden angehörten, mit diesem Bekanntschaft gemacht und war von dessen Idealen und dessen Lebensweise sehr beeindruckt gewesen. Mit einem dieser Mitstudenten hatte er auch jetzt noch Kontakt. Dieser Pater Weikgenannt schrieb ihm aus Nordamerika zu seiner Priesterweihe. In diesem Schreiben erwähnte er fast beiläufig: "Es würde mich freuen, Dich als Mitbruder einmal begrüßen zu können."[8] Als Franz Rei-

nisch nach seiner Priesterweihe eine Wallfahrt nach Lourdes und Lisieux in Frankreich unternahm, ging ihm dieser Satz nicht aus dem Sinn. Nach seiner Rückkehr fuhr er nach Salzburg zu einer Aussprache mit den dortigen Pallottinern, um Klarheit zu gewinnen. Am 3. November 1928 trat er dann als Priesternovize in die Herz-Jesu-Provinz der Pallottiner in Untermerzbach bei Bamberg ein. Über sein dortiges Eintreffen berichtet Franz Reinisch selbst: "Ich kam abends 20.00 Uhr an. Die Novizen schauten und staunten im hl. Interesse (od. Neugierde) 'das lange Elend' an... Nachdem ich von P. Novizenmeister freundlich empfangen wurde und zu Abend gegessen hatte, führte er mich hinauf in den 3. Stock in die Zelle. Bett, Tisch, Stuhl, Kruzifix, Eisenofen und mein Koffer. Das war das Inventar und Mobiliar... Doch die Armut konnte mir nicht viel Schmerzen bereiten. P. Novizenmeister bat ich, auf den Stuhl sich zu setzen, und ich nahm Platz auf meinem Koffer. 'Hochwürden', sagte ich in meiner Tirolerart, 'wir wollen doch zum Einstand zusammen eine Zigarette rauchen.' 'Würden Sie so gut sein und mir alle Rauchwaren abgeben, da es leider bei uns im Noviziat nicht gestattet ist', war die Antwort. Ich glaubte, es hat mich der Blitz getroffen. Nach kurzer Unterhaltung und nach Abgabe aller Zigaretten (150) ging ich todmüde von der Reise und erschlagen von dem Schrecken zur Ruhe."[9]
Wie ihn auch nun wieder seine eigene Schwachheit in ein fürchterliches Dilemma führte, zeigen seine weiteren Ausführungen: "Nun begann in mir die Leidenschaft des Rauchens Leiden zu schaffen. Nach dreiwöchentlichem Kampfe glaubte ich, austreten zu müssen. Da ich mich aber schämte, deswegen offiziell Abschied zu nehmen, sann ich auf Flucht. Das Noviziat und der große Park wird von einer zwei Meter hohen Mauer umgeben. Der Plan und die Stelle, wo ich überspringen werde, war fertig. Abends 6 Uhr war es schon dunkel. Ich ging durch den Park. Der erste Sprung mißglückte. Innerlich vernahm ich 'bleibe'. Ich ging noch-

mals um den Park. Als ich zur Lourdesgrotte kam, begann ich seelisch zu bluten und äußerlich zu weinen. Und der Kampf war entschieden. Ich blieb! Und von da ab war auch die Leidenschaft des Rauchens im Noviziat gebrochen."[10] Nun begann er, sich intensiv mit der Gesellschaft der Pallottiner und besonders dem Geist ihres Gründers, dem römischen Priester Vinzenz Pallotti (geb.: 21. April 1795; gest.: 22. Januar 1850 in Rom) zu beschäftigen, den er sein ganzes Leben lang tief verehrte.

Da die pallottinische Spiritualität in seinem Leben eine sehr wichtige Rolle spielte, seien an dieser Stelle die entscheidenden Aspekte kurz genannt. Der Hauptgedanke der Spiritualität V. Pallottis ist das Apostolat. Mit dem Begriff Apostolat meinte er nicht ganz bestimmte Tätigkeiten, sondern alles das, was ein Mensch auf Grund eines Auftrages von Gott her mit dem Ziel verfolgt, die Ehre Gottes und das Heil der Seelen zu fördern. Damit ist das Apostolat nicht an ein kirchliches Amt oder eine Vollmacht gebunden, sondern vielmehr ist jeder auf seine Weise dazu aufgerufen. Zum einen wollte Pallotti mit dieser Begrifflichkeit das Apostolat aus seiner hierarchischen Verengung und zum anderen aus seiner Einschränkung auf bestimmte Arten von Tätigkeiten herauslösen. Mit diesem Aufruf zum Laienapostolat war Pallotti seiner Zeit weit voraus. Durch seine Aufgeschlossenheit gegenüber den geistig-geistlichen Strömungen erkannte er, daß sich ein weltweiter Nihilismus Bahn brach, bindende und verbindende Wertvorstellungen und Lebensordnungen zerbrachen und stattdessen einem rationalistischen Skeptizismus und materialistischen Empirismus immer mehr Raum gegeben wurde.[11] Gegenüber solchen Entwicklungen sah er eine amtlich verfaßte Kirche machtlos und als nicht zeitgemäß an. Er plädierte für eine partnerschaftliche, gleichberechtigte und gleichverantwortliche Zusammenarbeit von Priestern und Laien. Diese theoretischen

Erkenntnisse wollte Pallotti auch in der Praxis verwirklicht wissen. So entwarf er ein Konzept für eine Apostolatsorganisation, in der Priester und Laien, und zwar Laien beiderlei Geschlechts, jeden Standes, Ranges, Berufes und jeder Lebensstellung zusammengefaßt werden sollten, um gemeinsam und in gegenseitiger Bereicherung für eine christlichere Welt zu wirken. In den Leitungsgremien sollten dementsprechend auch neben seiner Person drei Priester und drei Laien vertreten sein.[12] Trotz einer anfänglichen Blütezeit scheiterte das Konzept von V. Pallotti, und nur die Priester- und Schwesterngemeinschaft blieb bestehen. Der damaligen Zeit, besonders den kirchlich maßgebenden Persönlichkeiten, waren diese Gedanken Pallottis zu modern; sie sahen keine Berechtigung für ein allgemeines, von hierarchischer Verengung befreites Laienapostolat.[13]

In welchem Maße Franz Reinisch diese Spiritualität Pallottis verinnerlicht hatte und zu leben versuchte, zeigt folgende Aussage von ihm: "Wenn ein Priester vor Gott in seinem Heiligkeitsstreben auf der selben Stufe stehen will wie ein einfacher Arbeiter, der an Sonn-und Werktagen gegen Gott und seine Familie gewissenhaft seine Pflichten erfüllt, dann muß ein Priester schon ein ganz heiligmäßiges Leben führen."[14] Diese Aussage macht deutlich, wie sehr Franz Reinisch den Laien und seine Aufgaben schätzte, ihn im besonderen Maße anerkannte und keinesfalls dem Priesterstand unterordnete. Eine Frage berührte Franz Reinisch jedoch seit seiner Noviziatszeit immer wieder: er suchte nach der Realisierbarkeit der Idee des universellen Apostolates V. Pallottis in seiner Zeit, die ihm fast illusionär erschien.

Schließlich sei noch erwähnt, daß neben dem zentralen Apostolatsgedanken Pallottis auch der marianische Charakter dieser Spiritualität Franz Reinisch besonders angesprochen hatte. Diese Gedanken und Charakterzüge beschäftigten Franz Reinisch in seiner Noviziatszeit, an die er später noch oft wehmütig zurückdachte, da sie für ihn "eine Zeit herrlichster seelischer Blüte"[15] darstellte. Damit meinte er in besonderem Maße eine Zeit der Opfer und der inneren Kämpfe um Selbstüberwindung und Demut. Zudem litt er in dieser Zeit sehr unter Krankheiten, die ihn auch später immer wieder in seiner Arbeit behinderten. So mußte er sich einer schweren Ohrenoperation unterziehen und litt sehr unter Nieren- und Darmerkrankungen sowie unter Gesichtsrose. Welche Haltung er zum persönlichen Leiden einnahm, zeigt ein Ausschnitt aus einem Brief, den er im Advent 1931 an seine Schwester, die sich zum Ordensberuf entschlossen hatte, schickte: "...Denn merke Dir einen Grundsatz: Je mehr Gott eine Seele liebt, um so mehr sucht er diese mit Kreuzen heim. Denn nur im Kreuz liegt der Schlüssel zum Gleichförmigwerden mit dem lieben Heiland. Darum wollen wir füreinander viel beten, damit wir immer mehr Gott in seiner Liebe erkennen..."[16] Als Franz Reinisch diesen Brief schrieb, war er schon als Lektor der Philosophie in Untermerzbach tätig. Nach seiner ersten Profeß am 8. Dezember 1930, gleichzeitig das Ende seines Noviziates, war er zu dieser Aufgabe berufen worden, die er zwei Jahre lang mit Begeisterung ausübte. In der Hauptsache hielt er Vorlesungen über Kosmologie als philosophische Einführung in die Welt und Weltordnung. Nach dieser zweijährigen Tätigkeit kam er im Herbst 1932 nach Salzburg, um sein eigenes Theologiestudium zu beenden. Ein Jahr später, im Sommer 1933, wurde er zum Sitz des Provinzialates nach Friedberg bei Augsburg versetzt, wo er für die Jugendarbeit zuständig war.

Hier in Friedberg begegnete Pater F. Reinisch zum ersten Mal der Schönstatt-Bewegung, deren Geisteswelt sein weiteres Leben und besonders seine Entscheidung zur Eidverweigerung gegenüber dem nationalsozialistischen Regime am meisten beeinflussen sollte. Er selber schrieb später im Gefängnis: "Hätte ich den Gnadenort (Schönstatt) nicht gehabt, wäre ich diesen Weg entweder nie gegangen oder ich wäre sicher abgebogen oder verzweifelt."[17] In Friedberg gelangten ihm nun einige Ausgaben der Zeitschrift "Sal terrae" der Schönstattpriester in die Hände, in denen einige Marienpredigten und Darlegungen über den Apostolischen Bund von Schönstatt enthalten waren. Er selber schrieb dazu: "Das Echo war in mir urgewaltig. 'Heureca' – jetzt habe ich das gefunden, was ich solange gesucht. Mit Heißhunger verschlang ich alles Schrifttum von Schönstatt, was mir in die Hände kam."[18] Für Pater F. Reinisch war Schönstatt die zeitgemäße Verwirklichung der Ideenwelt und des Apostolatswerkes von V. Pallotti, nach der er seit seinem Noviziat ständig Ausschau gehalten hatte.

Was war bzw. ist Schönstatt? Auch hierzu seien einige Aspekte erwähnt: Die apostolische Schönstatt-Bewegung war am 18. Oktober 1914 durch den Pallottinerpater Joseph Kentenich gegründet worden. An diesem Tag weihte er sich zum ersten Mal gemeinsam mit Mitgliedern der Marianischen Kongregation des Studienheimes von Schönstatt, in dem er als Spiritual tätig war, in einer kleinen Kapelle der Gottesmutter. Diese Weihe hatte etwas ganz Besonderes: durch sie sollte ein erneuerter Bündnisschluß durch Maria mit Christus zum Ausdruck gebracht werden. Aus diesem Grund erhielt diese Weihe auch nachträglich die Bezeichnung "Liebesbündnis". Mit diesem Bündnisschluß wollte Pater J. Kentenich keinesfalls dem im Alten und Neuen Testament ausgedrückten heilsgeschichtlichen Gottesbund etwas Neues oder Anderes entgegensetzen, vielmehr steht das Liebesbündnis ganz im Rahmen dieses heilsgeschichtlichen Gottesbundes, der sich im Leben jedes Christen im Taufbund neu ausdrückt. Dementsprechend sagt Pater J. Kentenich: "Für uns ist das Liebesbündnis mit der Gottesmutter, wie es historisch geworden ist und sich auswirkt, eine tiefgreifende Erneuerung, Festigung und Sicherung des Taufbundes, das heißt des Bündnisses mit Christus und dem dreifaltigen Gott."[19] Der Vortrag, den Pater J. Kentenich zu dem historischen Ereignis am 18. Oktober 1914 hielt, wurde im nachhinein "Erste Gründungsurkunde" genannt, da in ihm programmatisch ausgedrückt ist, was mit diesem erneuerten Bündnisschluß erreicht werden sollte. Dieses Bündnis, welches "eine neue und freigewählte Entscheidung für Christus: für seine Person, für seine Interessen und sein Reich darstellt"[20], sollte zu einem Mittel der Selbsterziehung und Selbstheiligung werden. Aus diesem Bemühen hoffte man auf eine Umgestaltung des Kapellchens, in dem der Bündnisschluß vollzogen worden war, in einen Wallfahrtsort. Pater J. Kentenich selber bezeichnete dieses als einen "kühnen Gedanken, fast zu kühn für die Öffentlichkeit, aber nicht zu kühn" für die dort Versammelten; und er fügte hinzu: "Wie oft war in der Weltgeschichte das Kleine und Unansehnliche die Quelle des Großen und Größten. Warum sollte das bei uns nicht auch der Fall sein können?"[21] Und die Geschichte gibt Pater J. Kentenich recht. Aus dieser kleinen Gruppe vom 18. Oktober 1914 entwickelte sich bis heute eine weltweite apostolische Erneuerungsbewegung, für die das Liebesbündnis, welches jedes Mitglied der Schönstattbewegung schließt, die Kraftquelle ihres Wirkens ist.

Wie schon erwähnt, sah Pater F. Reinisch in der Schönstatt-Bewegung die Fortsetzung des Pallottiwerkes, da sie für ihn die Realisierung des Apostolatsgedankens von V. Pallotti darstellte. Pater J. Kentenich verstand sich selbst sowohl als Pallottinerpater als auch in seiner Position als Gründer Schönstatts der Ideenwelt V. Pallottis zutiefst verpflichtet und verbunden. Genau diese Ideenwelt versuchte er auf dem Weg des Liebesbündnisses zeitgemäß zu verwirklichen. Demzufolge erweist sich die Schönstatt-Bewegung, sowohl in ihrem Aufruf an jeden einzelnen, durch apostolisches Wirken an einer religiös-sittlichen Erneuerung von Kirche und Welt mitzuarbeiten, als auch in ihrem gleichberechtigten Nebeneinander von Priester-, Schwestern- und gerade den vielzähligen Laiengemeinschaften, als eindeutig pallottinisch. Und schließlich ist auch die Existenz Schönstatts selbst als Wallfahrts- und Gnadenort abhängig vom apostolischen Einsatz ihrer Mitglieder. Dieses Charakteristikum läßt sich ebenfalls am Bundesgedanken verdeutlichen: wenn das Liebesbündnis ein wirkliches Bündnis zwischen der Gottesmutter bzw. Gott und dem Menschen darstellt, dann gehen beide Bündnispartner auch ernste Bundespflichten ein und haben auch Bundesrechte. Diese gegenseitigen Bundesrechte und Bundespflichten werden in Schönstatt auch kurz in dem Satz: "Nichts ohne Dich – nichts ohne uns" zusammengefaßt, d.h. "Nichts ohne die Gottesmutter, ohne den Dreifaltigen Gott und seine Gnade; aber auch nichts ohne die Mitwirkung der menschlichen Partner und Werkzeuge, die Gott und die Gottesmutter zur Verwirklichung ihrer Absichten mit Schönstatt berufen haben."[22] Genauso war es von Pater J. Kentenich am 18. Oktober 1914 gedacht, als er die Hoffnung aussprach, daß in Schönstatt ein Wallfahrtsort für viele Menschen durch die Bemühungen der Mitglieder der Marianischen Kongregation und ihn selbst entstehen sollte. Wie ernst er diesen Einsatz nahm, zeigt folgendes Zitat aus der Gründungsurkunde: "Diese langsame Entwicklung unserer Berufsgnade und der dadurch herbeigeführte höhere Grad des religiösen apostolischen Geistes ist aber auch nicht das, was ich Ihnen zum Ziele setzen möchte. Meine Forderung geht ungleich höher. Jeder von uns muß den denkbar höchsten Grad standesgemäßer Vollkommenheit und Heiligkeit erreichen. Nicht schlechthin das Große und Größere, sondern geradezu das Größte soll Gegenstand unseres gesteigerten Strebens sein. Sie werden verstehen, daß ich eine solche außergewöhnliche Forderung nur in Form eines bescheidenen Wunsches vorzutragen wage."[23] Dieses ernste Streben nach Heiligkeit war und bleibt für die Schönstatt-Bewegung die Bedingung für das Bestehen des Wallfahrtsortes als eines Gnadenortes, von dem aus die Gottesmutter Wunder der seelischen Wandlung, der seelischen Beheimatung und der seelischen Fruchtbarkeit wirkt.

Mit dieser Darstellung zur Schönstatt-Bewegung wie auch den obigen Ausführungen zur Gedankenwelt V. Pallottis sind nun die beiden geistigen Hauptquellen, aus denen Pater F. Reinisch sein Leben zu gestalten suchte, seine Entscheidungen fällte und für die er auch bereit war, sich voll und ganz einzusetzen, vorgestellt worden. Ohne dieses Hintergrundwissen fällt es schwer, seine Entscheidung zur Eidverweigerung zu verstehen.

Nach der ersten Begegnung Pater F. Reinischs mit der Schönstatt-Bewegung im Jahre 1933 durch die Priesterzeitschrift "Sal terrae" gehörte es zu seinen größten Wünschen: "...nur einmal hinfahren zu dürfen zum Gnadenort der MTA."[24] Dieser Wunsch erfüllte sich für ihn im August 1934. Nach diesem Aufenthalt in Schönstatt fühlte er sich bestätigt in seiner Ansicht, daß Schönstatt die Fortsetzung des Pallottiwerkes sei. In seiner radikalen Art forderte er sogar: "Wer ein echter Pallottiner sein will, muß Schönstätter sein." Solche Äußerungen stießen nicht selten auf Ablehnung und Widerspruch gerade auch unter seinen pallottinischen Mitbrüdern, die keineswegs geschlossen hinter der Gründung Schönstatts standen. Pater F. Reinisch hielt jedoch an seiner Überzeugung fest und kam erst wirklich zur Ruhe, als er 1938 selbst nach Schönstatt versetzt wurde, um dort im engsten Kreis um Pater J. Kentenich mitzuarbeiten.

1.3. Nationalsozialismus und katholische Kirche

Mit den Jahren 1933/34 ist in der Darstellung des Lebens von Pater F. Reinisch ein Zeitpunkt erreicht, der es notwendig macht, auf die äußeren Zeitumstände und die politische Situation in Deutschland, wo sich Pater F. Reinisch seit seinem Eintritt in die Gesellschaft der Pallottiner (1928) hauptsächlich aufhielt, näher einzugehen.

Seit dem 30. Januar 1933, an dem der Reichspräsident von Hindenburg Adolf Hitler, den Führer der Nationalsozialistischen Arbeiterpartei (NSDAP), zum Reichskanzler ernannt hatte, begann der zielstrebige und rücksichtslose Aufbau einer nationalsozialistischen Diktatur, die am 1. September 1939 den Zweiten Weltkrieg entfesselte. Welche Weltanschauung verbarg sich hinter der nationalsozialistischen Bewegung, die das Jahr 1933 begeistert als das Jahr der "Machtergreifung", ja der "Epochenwende" und als Beginn eines sogenannten "Dritten Reiches" feierte? Wie stellte sich der Nationalsozialismus und sein Kopf, Adolf Hitler, zur christlichen Religion und zur katholischen Kirche? Diesen Fragen widmen sich die folgenden Abschnitte.

1.3.1. Zur nationalsozialistischen Weltanschauung und der Haltung der Nationalsozialisten zur katholischen Kirche

Die nationalsozialistische Ideologie fußt in der Hauptsache auf völkischem Gedankengut, einer daraus resultierenden Rassentheorie und dem Antisemitismus. Diese Elemente sind nicht von Hitler selbst entwickelt worden, sondern er hat diese Elemente, die schon als einzelne Strömungen existierten, aufgegriffen und zu einer Weltanschauung zusammengefügt. In seinem Buch "Mein Kampf" faßte A. Hitler zusammen, was er unter der völkischen Weltanschauung verstand: "Die völkische Weltanschauung erkennt die Bedeutung der Menschheit in ihren rassischen Urelementen. Sie sieht im Staat prinzipiell nur ein Mittel zum Zweck und faßt als seinen Zweck die Erhaltung des rassischen Daseins des Menschen auf. Sie glaubt somit keineswegs an eine Gleichheit der Rassen, sondern erkennt mit ihrer Verschiedenheit auch ihren höheren und niederen Wert und fühlt sich durch diese Erkenntnis verpflichtet, gemäß dem eigenen Wollen, das dieses Universum beherrscht, den Sieg des Besseren, Stärkeren zu fördern, die Unterordnung des Schlechteren und Schwächeren zu verlangen. Sie huldigt damit prinzipiell dem aristokratischen Grundgedanken der Natur und glaubt an die Geltung dieses Gesetzes bis herab zum letzten Einzelwesen..."[25] Aus diesem Zitat wird deutlich, wie zentral und alles beherrschend die Rassenlehre in der nationalsozialistischen Ideologie war. Sie war ihr eigentlicher Kern. Nach der Verfälschung der darwinistischen Forschungsergebnisse durch die Sozialdarwinisten, die das Gesetz vom "ewigen Lebenskampf" auf die Menschheit übertrugen und eine Auslese der Starken und Ausmerzung der Schwachen zum Gesetz für Staat und Gesellschaft erhoben, erschien 1855 das Buch des französischen Diplomaten Arthur Graf de Gobineau "Versuch über die Ungleichheit der menschlichen Rassen", in dem zum ersten Mal das Weltgeschehen als eine Geschichte von Rassenkämpfen dargestellt wurde. Gleichzeitig entwarf Gobineau einen Katalog der Rassenwertigkeit, in dem die Arier und Germanen an oberster, die Neger, Indianer und Juden an unterster Stelle, unmittelbar vor den Tieren, rangierten. Die Anhänger Gobineaus, z.B. in Frankreich Georg Vacher de Lapouge und Edouard Drumont, in Deutschland Adolf Wahrmund, Eugen Dühring u.a., forderten schon bald die Ausmerzung der Juden zur Reinerhaltung des Herrschertums der Arier. Mit dieser Forderung ist das dritte entscheidende Element der nationalsozialistischen Ideologie beschrieben: der Antisemitismus. Die radikalen Nationalsozialisten verschrieben sich diesem so bedingungslos, daß ihr Haß gegen die Juden letztlich in den furchtbaren Morden von "Auschwitz" gipfelte.

Rassentheorie und Antisemitismus waren in den Jahren der nationalsozialistischen Herrschaft immer mehr zu einer wirkungsvollen Waffe in der Hand Hitlers geworden. Nachdem er seine Anhänger und große Teile des Volkes auf diese nationalsozialistischen Gedanken, besonders den Antisemitismus, eingeschworen hatte, war es ihm möglich geworden, mittels seiner These: "Die Rasse über alles! Im Interesse der Rasse (dabei handelte es sich natürlich immer um die 'arische Rasse') ist alles erlaubt, kann und muß man alles mißachten"[26] jegliche politische Handlung zu rechtfertigen. In besonderer Weise wird dieses in seiner Rechtfertigung des Krieges als notwendig gewordene Gewinnung neuen Lebensraumes für das deutsche "Herrenvolk" deutlich, als auch in seiner Begründung des autoritären Führerprinzips, nach dem er der "geborene Führer" ist, dem das Volk bedingungslose Gefolgschaft zu leisten hat.

Vor diesem Hintergrund wird die Haltung Hitlers und seiner Bewegung zum christlichen Glauben und zur katholischen Kirche verständlich. Für Hitler war von Anfang an klar gewesen, daß seiner propagierten nationalsozialistischen Ideologie in der christlichen Glaubensüberzeugung eine zutiefst widersprechende Weltanschauung gegenüberstand, mit deren Trägern, den beiden christlichen Kirchen, es über kurz oder lang zu Konflikten kommen mußte. So kündet das Christentum, in strikter Ablehnung der Rassenlehre, die unbedingte Gleichheit aller Menschen, egal welcher Rasse, welchem Volk oder welcher Religion angehörend, und fordert die Menschen auf, dem Hauptgebot der brüderlichen

Liebe untereinander zu folgen. Damit wird dem Antisemitismus eine deutliche Absage erteilt. Jedoch darf nicht verschwiegen werden, daß es im Unterschied zur christlichen Glaubensüberzeugung in der Realität einen christlichen Antijudaismus gegeben hat, der sich aber nicht von einer Rassenlehre ableitete. Trotzdem trägt dieser "christliche" Antijudaismus Schuld an der Judenverfolgung und den Judenmorden der nationalsozialistischen Zeit, da er durch stillschweigendes Akzeptieren und sogar durch Unterstützung ihrer Träger der Ausbreitung des rassischen Antijudaismus Vorschub geleistet hat.

Ferner glaubt das Christentum an einen personalen Gott; im Gegensatz dazu leugnete die nationalsozialistische Ideologie jegliche übernatürliche Existenz und forderte stattdessen den "heldenhaften Glauben an Gott in der Natur, an Gott im eigenen Volke, an Gott im eigenen Schicksal, im eigenen Blute."[27]

Ein weiterer Grund für die Bekämpfung des Christentums war die Furcht der Nationalsozialisten, daß die christlichen Kirchen ihnen den totalen Anspruch auf den Menschen streitig machen könnten. Hitler reichte es keineswegs, ein Monopol auf politische Willensbildung im Rahmen der traditionellen Staatszugehörigkeit zu erlangen, sondern er forderte die Erfassung der gesamten menschlichen Existenz. Seine Weltanschauung sollte den Menschen ihren Sinn des Lebens geben und selbst ihr Gewissen formen. Immer wieder verlangte er ein aktives Bekenntnis zum Nationalsozialismus, wie z.B. durch den Hitler-Gruß. Für Hitler hatte man entweder Christ oder Deutscher zu sein. In seinem ideologischen Fanatismus wollte er die Religion durch einen politischen Glauben an "Blut und Boden" ersetzen. Die nationalsozialistische Ideologie wurde dadurch zu einer "Ersatzreligion" oder besser zu einem "Religionsersatz" hochstilisiert. Da für Hitler also kein Kompromiß mit den kirchlichen Institutionen in Frage kam, strebte er die Ausrottung des Christentums "mit Stumpf und Stiel, mit allen seinen Wurzeln und Fasern"[28] an. Mit dem Protestantismus glaubte Hitler ein leichtes Spiel zu haben, dagegen fürchtete er die katholische Kirche, die ihm trotz seines persönlichen Hasses, aufgrund ihres zweitausendjährigen Bestehens imponierte. So sagte er: "Die katholische Kirche ist etwas Großes. Herr Gott ihr Leut', das ist eine Institution, und es ist schon was, an die zweitausend Jahre auszudauern. Davon müssen wir lernen. Da steckt Witz und Menschenkenntnis drin. Die kennen ihre Leute!"[29] Gleichwohl wurde Hitler dadurch in seinem Vernichtungswillen bestärkt, daß er die Zeit der katholischen Kirche für abgelaufen betrachtete und davon überzeugt war, daß ihm nun die große Aufgabe zukam, ihren "jüdischen Schwindel"[30] zu entlarven und ihr den Todesstoß zu versetzen.

1.3.2. Zur Errichtung der nationalsozialistischen Diktatur und ihren Angriffen auf die katholische Kirche

Nachdem es im vorhergehenden Abschnitt um die ideologischen Grundzüge und die Haltung der Nationalsozialisten zur katholischen Kirche und zum Christentum ging, werden nun die Auswirkungen dieser Ideologie auf die politische Realität in Deutschland behandelt, die sich schon bald nach der Kanzlerernennung A. Hitlers deutlich zeigten.

Grundsätzlich war für Hitler Politik nur ein Mittel zum Zweck der Machterringung und damit der Durchsetzung der eigenen weltanschaulichen Ziele. Daß es hauptsächlich um die Macht ging, läßt sich schon an dem Begriff "Machtergreifung" nachweisen, der ein Produkt der nationalsozialistischen Propaganda ist und den Eindruck erwecken sollte, als ob Hitler und die NSDAP sich am 30. Januar 1933 aus eigener Kraft zu der nach ihrer Überzeugung schon längst zustehenden Machtposition aufgeschwungen hätten. Tatsache ist jedoch, daß weder Hitler an diesem Tag aktiv die Macht ergriffen hat, sondern vielmehr wurde ihm im Rahmen der Weimarer Verfassung durch den Reichspräsidenten die Kanzlerschaft und die Aufgabe der Regierungsbildung übertragen, noch handelte es sich dabei um eine Erringung diktatorischer Vollmachten. Denn der Reichspräsident von Hindenburg, der eine Abneigung gegen den kleinen "böhmischen Gefreiten" Hitler hatte und ihn höchstens für das Amt des Postministers geeignet hielt, war nur dadurch zu diesem Schritt zu bewegen gewesen, weil seine Berater, an deren Spitze der Vizekanzler von Papen, ihm versichert hatten, durch diese Kanzlerernennung ganz bewußt Hitler und seine Partei zügeln zu wollen. Durch das Zwingen in die Regierungsverantwortung bei einer Mehrheit nichtnationalsozialistischer Minister sollte Hitler mit seiner Partei "eingerahmt" werden, aber keineswegs die Macht haben. Auch die Nationalsozialisten selbst empfanden diese Kanzlerernennung noch keinesfalls als Durchstoß zur Macht, auch wenn sie es nachträglich in ihrer Propaganda so darstellten; und sie gingen auch nur deshalb auf dieses Angebot des Koalitionskabinetts ein, weil sich insgesamt eine Schwächung ihrer Partei und ihres Einflusses abzuzeichnen begann. Sie hatten z.B. einen Wählerrückgang bei den Reichstagswahlen am 6. November 1932 von 37,4 auf 33,1% erfahren. Schwerwiegender war jedoch für sie, daß durch das Abklingen der Wirtschaftskrise seit dem Sommer 1932 und die erfolgreichen Reparationsverhandlungen deutscher Politiker in Lausanne ihrer politischen Argumentation bzw. Propaganda langsam der Wind aus den Segeln genommen wurde. Aufgrund dieser nicht besonders günstigen Ausgangsposition für die nationalsozialistische Partei muß man sich fragen, wie sie es dennoch schaffte, innerhalb weniger Monate zu diktatorischer Macht zu gelangen. Auch wenn sie sich bemühte, den äußeren Schein der Legalität zu wahren, schaffte sie es nur, indem sie Schritt für Schritt die demokratischen Einrichtungen und Kontrollen aus dem Weg räumte und sich terroristischer und propagandistischer Mittel bediente. Genau dieses wird Pater F. Reinisch auch später dem Hitler-Regime vorwerfen. Für ihn ist diese Regierung keine gottgewollte bzw. legitime Obrigkeit oder Autorität, die ihm Befehle zu erteilen hätte, denn sie habe ihre Macht nur durch Gewalt, Lug und Trug errungen.[31]

Nach der Kanzlerernennung Hitlers war das erste Ziel der um Macht ringenden NSDAP die Erlangung einer soliden Mehrheit im Reichstag und damit auch im Regierungskabinett. Aus diesem Grund ließ Hitler absichtlich die Koalitionsverhandlungen scheitern, so daß der Reichspräsident am 1. Februar 1933 dazu gezwungen war, den Reichstag aufzulösen und Neuwahlen für den 5. März ausschreiben zu lassen. Die Wochen bis zur Wahl waren durch drei wesentliche Umstände gekennzeichnet: zunächst durch das Bemühen, der NSDAP in der Öffentlichkeit ein neues Image zu geben, dann durch die Terrorisierung der politischen Gegner mittels der am 22. Februar zu offiziellen Einrichtungen (Hilfspolizei) erhobenen nationalsozialistischen Parteiformationen, also der SA, SS und der Stahlhelm-Verbände, und schließlich durch den Erlaß einer Reihe von Notverordnungen, von denen besonders die Verordnung vom 28. Februar "zum Schutz von Volk und Staat", auch Reichstagsbrandverordnung genannt, hervorzuheben ist, da durch sie alle entscheidenden Grundrechte außer Kraft gesetzt wurden. So heißt es in §1: "...Es sind daher Beschränkungen der persönlichen Freiheit, des Rechtes der freien Meinungsäußerung, einschließlich der Pressefreiheit, des Vereins- und

Versammlungsrechts, Eingriffe in das Brief-, Post-, Telegraphen- und Fernsprechgeheimnis, Anordnungen von Haussuchungen und von Beschlagnahmen sowie Beschränkungen des Eigentums auch außerhalb der sonst hierfür bestimmten gesetzlichen Grenzen zulässig."[32] Mittels dieser Notverordnung konnte Hitler und seine Partei nun ohne irgendwelche richterlichen Kontrollen Personen auf unbeschränkte Zeit inhaftieren, Zeitungen verbieten oder zensieren, Telefongespräche abhören, Briefe öffnen usw., der Willkür waren keine Grenzen mehr gesetzt. Es ergoß sich eine Welle von Verhaftungen, Verboten und Beschränkungen über die gegnerischen Parteien, besonders über die Anhänger der Kommunistischen Partei Deutschlands (KPD), die für den Reichstagsbrand in der Nacht vom 27. auf den 28. Februar verantwortlich gemacht wurden. Obwohl es bis heute noch nicht zweifelsfrei bewiesen werden konnte, spricht vieles dafür, daß die Nationalsozialisten den Brand selbst gelegt und ihn dann den Kommunisten zugeschoben haben, um damit einen willkommenen Anlaß für die Notverordnung vom 28. Februar zu schaffen. Diese konnten sie sodann mit dem Schutz vor der kommunistischen Gefahr begründen. Trotz dieser vielen Maßnahmen, die es kaum erlauben, noch von einer freien Wahl zu sprechen, erlangte die NSDAP am 5. März 1933 nicht ihre erhoffte absolute Mehrheit: mit 43,9% fehlten ihr noch immer 7% der abgegebenen Stimmen. Dieses hinderte sie aber nicht daran, sofort den nächsten Schritt zur diktatorischen Machtfülle zu tun, der in der Einbringung des Gesetzes "zur Behebung der Not von Volk und Reich", auch als Ermächtigungsgesetz bezeichnet, bestand. Darin hieß es: "Artikel 1. Reichsgesetze können außer in dem in der Reichsverfassung vorgesehenen Verfahren auch durch die Reichsregierung beschlossen werden ... Artikel 2. Die von der Reichsregierung beschlossenen Reichsgesetze können von der Reichsverfassung abweichen, soweit sie nicht die Einrichtung des Reichstags und des Reichsrats als solche zum Gegenstand haben."[33] Um für dieses Gesetz die Zustimmung der Öffentlichkeit zu erhalten, wurden wieder alle Register der nationalsozialistischen Propaganda gezogen; als solche sind vor allem die Feierlichkeiten zur Reichtagseröffnung, dem sogenannten "Tag von Potsdam" (21. März 1933), zu nennen, als auch die am 23. März von Hitler abgegebene Regierungserklärung. Hitler stellte sich als der treusorgende Volkspolitiker, der ganz der Religion, der preußischen Traditionspflege und der Demokratie verpflichtet ist, dar. In der Öffentlichkeit haben diese Ereignisse zweifellos ihre Wirkung gehabt, jedoch wußten die nichtnationalsozialistischen Abgeordneten des Reichstags, daß ihre Zeit und die der Demokratie schon längst abgelaufen war. Eine ganze Reihe von Abgeordneten war schon verhaftet, mehreren war das Mandat aberkannt worden, andere wurden getäuscht oder auf andere Art und Weise terrorisiert. Trotzdem stand die Sozialdemokratische Partei Deutschlands mutig gegen das Ermächtigungsgesetz Hitlers auf; ihr Abgeordneter Wels hielt eine letzte verzweifelte Rede, in der er der Regierung ihre Unrechtshandlungen vorwarf. Das katholische Zentrum stimmte dem Gesetz dann letztlich zu, um sich selbst noch zu schützen, im klaren darüber, daß die Regierung ihre Pläne ansonsten auch auf anderen Wegen durchsetzen würde. So wurde am 24. März 1933 das Ermächtigungsgesetz rechtskräftig und damit der Reichsregierung alle Gesetzesbefugnisse übertragen.

Mit der Notverordnung vom 28. Februar, die bis 1945 bestehen blieb, und dem Ermächtigungsgesetz hatte sich die NSDAP die beiden entscheidenden Ausgangspunkte für die Errichtung ihres Führerstaates geschaffen und, um in der Sprache der Nationalsozialisten zu sprechen, nun tatsächlich die Macht ergriffen. Nun erfolgte Schritt für Schritt die Umsetzung der nationalsozialistischen Weltanschauung auf staatspolitischem Wege. Die Nationalsozialisten benutzten für diese Umgestaltung des deutschen Staates den Begriff "Gleichschaltung" oder "nationale Revolution". Ganz grob lassen sich bei diesem Prozeß vier Schritte unterscheiden: erstens die Aufhebung der Eigenständigkeit der Länder, zweitens die Beseitigung aller politischen Organisationen außerhalb der NSDAP, drittens die Zerschlagung einer inneren Opposition in der nationalsozialistischen Gesamtbewegung, und viertens die Erringung der Kontrolle über die Wirtschaft und Kultur. Im Rahmen dieses Buches kann nicht ausführlicher auf diese vier Schritte eingegangen werden. Exemplarisch wird nun anhand der Vorgehensweise des nationalsozialistischen Regimes gegenüber der katholischen Kirche aufgezeigt, mit welchen Mitteln die Machthaber ihre Gleichschaltungsbestrebungen durchzusetzen versuchten und wie sie auf Widerstand gegen diesen Gleichschaltungsdruck reagierten. Der Akzent liegt also auf dem Verhalten der nationalsozialistischen Machthaber und nicht auf der Reaktion der katholischen Kirche, die noch an anderer Stelle im Rahmen dieses Buches behandelt werden wird.

Im Gegensatz zu den Angriffen des Nationalsozialismus auf die katholische Kirche vor 1933, die eindeutige Verurteilungen des Nationalsozialismus durch maßgebliche Stellen der katholischen Kirche nach sich zogen, bemühte sich der nun zur offiziellen Obrigkeit aufgestiegene Nationalsozialismus in der ersten Hälfte des Jahres 1933 um ein gutes Einvernehmen mit der katholischen Kirche. Der Grund für diese Ausgleichsbestrebungen lag jedoch nicht in einer Gesinnungsänderung der Nationalsozialisten, sondern in der politischen Zweckmäßigkeit eines derartigen Verhaltens. Durch dieses taktische Vorgehen wollte Hitler vornehmlich drei Ziele erreichen: erstens eine Revision der offiziellen Verurteilungen des Nationalsozialismus durch den deutschen Episkopat, die noch im August 1932 ausdrücklich bestätigt worden waren, zweitens eine rückhaltlose Anerkennung des neuen Regimes durch den Vatikan, um sein innen- als auch außenpolitisches Prestige zu steigern, und drittens die Ausschaltung des politischen Katholizismus in Gestalt der Zentrumspartei und des christlichen Gewerkschaftswesens. Um diese Ziele zu erreichen, gab sich Hitler in der Öffentlichkeit äußerst kirchenfreundlich und religiös. Als herausragendes Beispiel ist dafür seine Regierungserklärung vom 23. März 1933 zu nennen, in der er sagte: "...Indem die Regierung entschlossen ist, die politische und moralische Entgiftung unseres öffentlichen Lebens durchzuführen, schafft und sichert sie die Voraussetzungen für eine wirklich tiefe, innere Religiosität ... Die nationale Regierung sieht in den beiden christlichen Konfessionen wichtige Faktoren der Erhaltung unseres Volkstums. Sie wird die zwischen ihnen und den Ländern abgeschlossenen Verträge respektieren; ihre Rechte sollen nicht angetastet werden ... Die nationale Regierung wird in Schule und Erziehung den christlichen Konfessionen den ihnen zukommenden Einfluß einräumen und sicherstellen. Ihre Sorge gilt dem aufrichtigen Zusammenleben zwischen Kirche und Staat..."[34] Auf diese Regierungserklärung erfolgte am 28. März 1933 eine offizielle Revision der bischöflichen Haltung, in der die bisherigen Verbote und Warnungen gegenüber dem Nationalsozialismus aufgehoben und "zur Treue gegenüber der rechtmäßigen Obrigkeit und zur gewissenhaften Erfüllung der staatsbürgerlichen Pflichten unter grundsätzlicher Ablehnung allen rechtswidrigen oder umstürzlerischen Verhaltens"[35] aufgerufen wurde. An den ideologischen Bedenken gegenüber dem Nationalsozialismus wurde jedoch festgehalten. Mit dieser Erklärung der Bischöfe hatte Hitler das erste Ziel, die Revision der bischöflichen Verurteilung des Nationalsozialismus, erreicht. Seine beiden anderen Ziele, die Anerkennung durch den Vatikan und die Ausschaltung des politischen Katholizismus, erlangte Hitler durch den überraschend schnellen Abschluß eines Konkordats mit dem Heiligen Stuhl am 20. Juli 1933. Die Tatsache, daß der Vatikan überhaupt mit dem Hitler-Regime verhandelt hatte und mit diesem zu einem Konkordatsabschluß gelangt war, kam einer offiziellen Anerkennung des Regimes durch den Vatikan gleich und verschaffte diesem einen großen Prestigegewinn. In den Artikeln 31 und 32 des Konkordats erließ die katholische Kirche die Bestimmung, daß in Zukunft alle katholischen Verbände und Organisationen, sowie Ordensleute und Geistliche, auf politische Tätigkeiten zu verzichten haben. Dadurch war die Ausschaltung des politischen Katholizismus, der faktisch schon seit der Selbstauflösung der Zentrumspartei am 5. Juli 1933 bestand, nachträglich durch den Vatikan bestätigt und die Trennung zwischen Politik und Kirche vertraglich festgelegt worden. Mit dieser Trennung zwischen Staat und Kirche, Politik und Religion, hatte Hitler sein drittes Ziel erreicht, welches sich für die Zukunft der katholischen Kirche im nationalsozialistischen Reich sehr negativ auswirken sollte. In den folgenden Jahren mußten Gläubige, sowohl Theologen als auch Laien, feststellen, daß eine Trennung in einen kirchlichen und politischen Bereich angesichts des Totalitätsanspruches des Nationalsozialismus einer Illusion, sogar einer gefährlichen Fiktion gleichkam. Denn was unter Politik und was unter Religion zu verstehen war, bestimmte das nationalsozialistische Regime fortan selbst. So konnte man in der Zeitschrift "Wille und Macht" vom 15. April 1935 unter der Überschrift "Positives Christentum" lesen: "Was ist politisch? Politisch ist alles, was in den irdischen Formen der Organisation, des Wortes und Bildes, der Schrift und der Gebärde in Erscheinung tritt und für die Gemeinschaft des Volkes auch nur die geringste Bedeutung hat. – Und was ist religiös? Religiös ist alles, was in irdisch nicht faßbaren Formen als Glaube an Überirdisches als Gefühl der Unendlichkeit, als Sehnsucht nach Dingen jenseits der den Menschen sichtbaren Welt fühlbar wird."[36] Diese Begriffsbestimmung seitens der Nationalsozialisten eröffnete einer besonderen Taktik gegenüber den Kirchen Tür und Tor. Jeder Angriff auf die Ausübung der Religion konnte damit begründet werden, daß es sich nur um Maßnahmen des Staates gegen Übergriffe der Kirche auf politisches Gebiet handeln würde. Daß diese Vorgehensweise dem Artikel 1 des Konkordats widersprach, in dem der Kirche "Freiheit des Bekenntnisses und öffentliche Ausübung der katholischen Religion"[37] zugesichert worden war, interessierte die nationalsozialistischen Machthaber nicht. Hitler hatte dieses Konkordat aus taktischen Gründen geschlossen und hielt sich keineswegs an die darin festgelegten Rechte der Kirche. Noch im Jahre 1933 begann sein Angriff auf die Kirche. Dieser kam jedoch nicht einem offenen Frontalangriff gleich und bediente sich auch nicht immer derselben Methoden, sondern er kann nach K. Gotto, H.G. Hockerts und K. Repgen als Angriff beschrieben werden, der "sukzessiv, mit ständig wechselnder Intensität, mit verdeckten Zielsetzungen, verbrämenden Rechtfertigungen und unter ständiger Rücksichtnahme auf die Zweckmäßigkeit der allgemeinen Politik"[38] geführt wurde. Letztlich zielte er auf die Vernichtung der katholischen Kirche. K. Gotto, H.G. Hockerts und K. Repgen unterscheiden in den Jahren 1933 bis 1945 drei Phasen der nationalsozialistischen "Herausforderung". Im Mittelpunkt der ersten Phase, die zeitlich von 1933 bis 1935/36 anzusetzen ist, stand der Kampf gegen die kirchlichen Positionen in der Gesellschaft. Unter Mißachtung des Konkordats wurde versucht, den in Verbänden und gesellschaftlichen Institutionen organisierten Katholizismus, darunter vornehmlich die katholischen Jugendverbände, die katholische Presse und die Bekenntnisschulen, zu beseitigen und so eine Trennung zwischen Kirche und Gesellschaft herzustellen. Ferner versuchte das nationalsozialistische Regime, sich unliebsamer Priester und Laien zu entledigen, die öffentlich gegen den Nationalsozialismus sprachen; für die Seite der Priester sind da z.B. Pater

Stöger von Waldbüttelbrunn, Karl Klinkhammer und Joseph Rossaint zu nennen; für die Seite der Laien Erich Klausener, Adalbert Probst und Fritz Gerlich, die im Zuge der Morde beim sogenannten "Röhm-Putsch" im Juni 1934 mitermordet wurden. In der zweiten Phase, von 1936 bis 1940, begann das nationalsozialistische Regime seine Angriffe auf das kirchliche Wertsystem auszudehnen. Nun ging es um die Wurzeln des Glaubens und die Identität der Kirche. Im Zuge ihrer besonderen Taktik versuchte das Regime, die Kirche auf eine in ihren Augen "belanglose Jenseitsbetreuung" zu reduzieren. Das Regime erhob Anspruch auf das Gewissen der Menschen und wollte das Kirchenvolk von der kirchlichen Führung trennen. Diese Trennung versuchten sie durch die Anschuldigung von Geistlichen in Devisen- und Sittlichkeitsprozessen zu erlangen. Die öffentliche Diffamierung der Kirche und ihrer Geistlichen erreichte in den Jahren 1936/37 ihren Höhepunkt und ist auch als verstärkte Reaktion auf die päpstliche Enzyklika "Mit brennender Sorge" vom 14. März 1937 zurückzuführen, die das Regime mit einer groß angelegten Enteignungs- und Verhaftungswelle beantwortete. In der dritten Phase, von 1940 bis 1945, steigerten sich die Angriffe gegen die Kirche als religiöse und soziale Einheit noch mehr, z.B. im Klostersturm 1941. Im Zuge der allgemeinen Radikalisierung der Innenpolitik im Schutze des Krieges, die sich besonders gegenüber den Juden und den Geisteskranken zeigte, drohte nun auch der Kirche eine derartige Vernichtungsaktion. Die nationalsozialistischen Machthaber waren sich nur noch nicht über den rechten Zeitpunkt einig. Charakteristisch ist für diese Phase, daß "über die Kirche als verfaßte Großgruppe hinaus auf das für sie unantastbare Sittengesetz und gottgeschaffene Naturrecht in seinen elementaren Gegebenheiten"[39] gezielt wurde. Dadurch wurde die Kirche zur Verteidigung der einfachsten Menschenrechte gezwungen.

Mit dieser Darstellung zum Aufstieg der nationalsozialistischen Macht und ihren Angriffen auf die katholische Kirche sollte verdeutlicht werden, welche historisch-politische Situation zwischen 1933 und 1945 in Deutschland herrschte und wie sich diese besonders auf die katholische Kirche, ihre Geistlichen und Gläubigen auswirkte. Auf diesem Hintergrund muß das weitere Leben von Pater F. Reinisch, der als katholischer Geistlicher in Deutschland tätig war und schließlich mit dem nationalsozialistischen Regime in Konflikt geriet, betrachtet und später diskutiert werden.

1.4. Als katholischer Priester im nationalsozialistischen Deutschland (1933-1941)

Pater F. Reinisch war nicht nur ein wacher und scharfer Beobachter von religiösen und kirchlichen Angelegenheiten. Genauso interessiert nahm er auch die allgemeine und politische Situation in sich auf. So entwickelte er sehr schnell eine eindeutig ablehnende Haltung gegenüber dem nationalsozialistischen Regime und besonders gegenüber der nationalsozialistischen Weltanschauung. Wie sich seine oppositionelle Haltung im Laufe der Jahre 1933 bis 1940/41 immer stärker verfestigte und welche Konsequenzen er daraus für seine Tätigkeit als katholischer Priester zog, ist Gegenstand dieses Abschnittes.

Bis Pater F. Reinisch 1938 endgültig nach Schönstatt kam, wurde er in den Jahren 1933 bis 1938 sehr häufig versetzt. Wie schon erwähnt, hielt er sich vom Sommer 1933 bis zum August 1934 im Mutterhaus der süddeutschen Provinz der Pallottiner in Friedberg bei Augsburg auf. Dort war er in erster Linie für die Jugendarbeit zuständig. Dank einer Zeugenaussage eines ehemaligen Pallottinerbruders wissen wir aus dieser Zeit, daß unter den dortigen Patres häufig bei Tisch über die neuesten politischen Ereignisse heftig diskutiert wurde. Pater F. Reinisch soll einer der größten Gegner der Nationalsozialisten gewesen sein und auch sehr "impulsiv", "deutlich" und "hart" seine Meinung geäußert haben. Nach Aussage des Zeugen soll er "als freiheitlicher Tiroler ... von vornherein gegen jede Unterdrückung, gegen das Sich-Ducken, Maulhalten und Anpassen"[40] gewesen sein. Nach den Röhm-Morden zwischen dem 30. Juni und 2. Juli 1934, denen vermutlich 85 Menschen zum Opfer gefallen sind, und die Hitler nachträglich "als Staatsnotwehr" für rechtens erklären ließ, habe sich Pater F. Reinisch keineswegs durch die nationalsozialistische Propaganda täuschen lassen, sondern das Hitler-Regime als "Verbrecherbande" bezeichnet, welche staatliche Gesetze bricht und Menschen ohne Gerichtsverfahren erschießen läßt. Ferner äußert dieser Zeuge, daß es ihn später nicht erstaunt habe, von der Eidverweigerung und der Hinrichtung Pater F. Reinischs zu hören; denn aufgrund seiner persönlichen Erfahrungen mit Pater F. Reinisch hätte ihm dieses nicht nur zugetraut, sondern geradezu von ihm erwartet. Seiner Meinung nach konnte Pater F. Reinisch gar nicht anders handeln, wenn er nicht sich selbst untreu werden wollte.

Ende 1934 wurde Pater F. Reinisch nach Salzburg versetzt, wo er zum Spiritual ernannt wurde. Nach H. Kreutzberg war diese Ernennung nach nur wenigen Priesterjahren eine Bestätigung seiner pädagogisch-ascetischen Fähigkeiten[41]. Wie schon in früheren Jahren soll er hier besonders durch seine Radikalität aufgefallen sein, die sich nicht nur in seinem Erziehungsstil in seiner Rolle als Spiritual oder seiner Haltung zu Schönstatt geäußert haben soll, sondern gerade auch gegenüber der politischen Situation. So berichtet H. Kreutzberg: "Er war eine dynamische Persönlichkeit. Alles an ihm war lebendig wie ein ständiges Sprudeln. Wenn er in klarer Sicht der politischen Entwicklung auf das Antichristliche dieser Zeit zu sprechen kam, war er 'auf vollen Touren'; so konnte nur Reinisch sprechen: mit einer erleuchteten Einseitigkeit, durch und durch radikal."[42]

Über seine Zeit in Konstanz, wo er sich vom Sommer 1935 bis Februar 1936 aufhielt, gibt es nur sehr wenige Angaben. So übernahm er dort zum ersten Mal die Leitung einer Schönstattgruppe. Ansonsten wurde diese Zeit wiederum durch Krankheiten überschattet, und er machte sich Gedanken über seine temperamentvolle und fordernde Art. So sagte er zu einem Mitglied der Schönstattgruppe: "Wenn ich irgendwo festsitze, muß ich bald wieder fort. Länger als ein halbes Jahr bin ich nirgendwo. – Vielleicht ist es auch gut so; denn ich zerschlage selbst, was ich aufgebaut habe, weil ich meine Forderungen zu hoch stelle."[43] Pater F. Reinisch machte also sein radikales Temperament für die vielen Versetzungen dieser Jahre verantwortlich.

Im Februar 1936 wurde er nach Rechberg bei Schwäbisch-Gmünd versetzt, wo er sich von seinen Krankheiten erholen sollte. Er war dort in der Seelsorge der Wallfahrtskirche tätig, hielt religiöse Wochen und leitete auch hier eine Schönstattgruppe. Übereinstimmend berichten zwei Zeugen[44], daß Pater F. Reinisch "einerseits eine ausgesprochene Frohnatur" war, man jedoch andererseits schnell spüren konnte, daß er seine Aufgaben sehr ernst nahm und ein "von tiefer Religiosität erfüllter Priester" war. "Insbesondere kümmerte er sich um die Jugend, die er geschickt anzupacken verstand." Er gab ihr "in der damaligen Zeit des NS-Ungeistes eine klare Wegweisung und hielt sie in Vorträgen und Gottesdiensten zur Intensivierung ihres religiösen Lebens an". Und auch hier findet sich wieder die Aussage: "Als ich nach dem Krieg von seinem Schicksal hörte, wunderte ich mich darüber nicht. Es paßte ganz zu dem Bild von Geradlinigkeit, das er während seines Wirkens in unserer Gemeinde hinterlassen hatte." In dieser Zeit auf dem Rechberg stand Pater F. Reinisch schon unter der Aufsicht der Geheimen Staatspolizei (Gestapo), was jedoch nicht darauf zurückzuführen ist, daß er persönlich irgendwie "auffällig" geworden wäre; seit der Ermordung des österreichischen Bundeskanzlers Engelbert Dollfuß bei einem gescheiterten nationalsozialistischen Putsch am 25. Juli 1934 wurden generell alle Österreicher in Deutschland von der Gestapo beobachtet. Der Bürgermeister von Rechberg, der Pater F. Reinisch jedoch wohlgesonnen war, mußte der Gestapo über ihn Bericht erstatten. Welche Haltung Pater F. Reinisch in dieser Zeit zu Verfolgungen von Priestern einnahm, die sich im Laufe dieser Jahre immer mehr häuften, verdeutlicht folgende Aussage von ihm, die er zu schweren Angriffen auf Priester und kirchliche Sakramente, die er in der Zeitung gelesen hatte, machte: "So ist es gut, wir müssen bis zum Tode verfolgt werden, wenn wir das Heilandsleben nachleben wollen. Das alles ist selbstverständlich; es wird noch schlimmer kommen."[45]

Noch im gleichen Jahr, im November 1936, wurde Pater F. Reinisch nach Bruchsal in das St. Paulusheim der Pallottiner versetzt. Hier gehörte es zu seinen Hauptaufgaben, religiöse Wochen und Einkehrtage zu halten. Er war froh, nach der sehr ruhigen Zeit auf dem Rechberg, sich wieder ganz der Seelsorge widmen zu dürfen. Bei dieser Tätigkeit fanden besonders seine "unerschrockenen" und "überzeugenden"[46] Predigten großen Anklang. Leider sind aus dieser Zeit nur zwei markante Sätze im Wortlaut überliefert, die jedoch solche Wirkung hatten, daß sie einzelnen Zeugen noch klar und deutlich in Erinnerung geblieben sind. So soll Pater F. Reinisch am 6. Januar 1937 in einer Predigt gesagt haben: "Und wenn sie mir den Kopf abschlagen, ich werde meinen Gott bekennen."[47] Und in einem Exerzitienvortrag für Frauen mahnte er: "Wer sein Kind in den NS-Kindergarten schickt, begeht eine schwere Sünde."[48] Aufgrund der damaligen Situation waren solche Aussagen äußerst gefährlich, zumal Pater F. Reinisch unter der Aufsicht der Gestapo stand. Immer mußte damit gerechnet werden, daß ein Spitzel unter den Zuhörern saß. Gleichzeitig begann auch die Gestapo, der Pallottinergemeinschaft des St. Paulusheimes in Bruchsal, wo Pater F. Reinisch zu dieser Zeit wohnte, immer mehr zuzusetzen. Der Rektor war schon verhaftet worden, und die Gestapo übertrug dessen Sekretär die Verantwortung über das Paulusheim. Dieser Sekretär, ebenfalls Pallottinerpater, berichtet, daß er sich aufgrund dieser Vorgänge und besonders infolge einer Vernehmung und Bedrohungen durch die Gestapo mit dem Gedanken trug, in die Schweiz zu fliehen. Ihm war auferlegt worden, das Haus nicht zu verlassen. Da riet ihm Pater F. Reinisch dringend von einer Flucht ab. Weiter erzählt dieser Pater: "Er (Pater F. Reinisch) mahnte mich, tapfer zu sein, da man überhaupt keine Anschuldigungen gegen mich vorbringen könnte. Pater Reinisch sagte mir wiederholt, er selber würde bleiben. Er überzeugte mich und bestärkte mich, alles in die Hände Gottes und seiner Mutter zu legen. Seine Tapferkeit und Unerschrockenheit waren beispielhaft!"[49] Vermutlich aufgrund seiner gewagten Äußerungen in Predigten und Vorträgen wurde Pater F. Reinisch im September 1937 wieder versetzt. Er kam zurück nach Salzburg. Über seine dortigen Tätigkeiten liegen jedoch leider keine Angaben vor.

Sehr aufschlußreiche Informationen über die Haltung Pater F. Reinischs zur politischen Situation erhalten wir erst wieder im Frühjahr 1938. Am 12. März 1938 waren deutsche Truppen in Österreich einmarschiert und begeistert von der österreichischen Bevölkerung begrüßt worden. Diesem Einmarsch war ein Treffen zwischen Hitler und dem österreichischen Bundeskanzler Schuschnigg auf dem Obersalzberg vorausgegangen, bei dem Schuschnigg massiv unter Druck gesetzt worden war. Es wurde ihm das sogenannte Berchtesgadener Abkommen abgepreßt, welches den Nationalsozialisten eine stärkere Beteiligung an der österreichischen Regierung zusicherte. Dadurch hoffte Hitler, in Anlehnung an die "Machtergreifung" in Deutschland, auch in Österreich die Nationalsozialisten auf scheinbar legalem Wege zur Macht führen zu können. Ein letzter verzweifelter Versuch Schuschniggs, die Selbständigkeit Österreichs zu retten, bestand in der kurzfristigen Ansetzung einer Volksabstimmung "Für ein freies und deutsches, unabhängiges und soziales, für ein christliches und einiges Österreich! Für Friede und Arbeit! Und die Gleichberechtigung aller, die sich zu Volk und Vaterland bekennen!"[50] Da ein Sieg Schuschniggs bei dieser Abstimmung sicher zu sein schien, verlangte Hitler die Absetzung der Wahl. Unter massivem Druck mußte Schuschnigg nachgeben und auf die Volksabstimmung verzichten. Am 11. März stellte Hitler der österreichischen Regierung ein Ultimatum, in dem er mit einem Einmarsch deutscher Truppen drohte, falls Schuschnigg nicht zurücktreten und dem Nationalsozialisten Seyß-Inquart Platz machen würde. Schuschnigg trat zurück, aber nicht ohne noch einen verzweifelten Hilferuf an die anderen europäischen Mächte zu richten, die jedoch entweder schwiegen oder zu verstehen gaben, daß sie nicht intervenieren würden. Obwohl auch der österreichische Bundespräsident Miklas nach anfänglicher Weigerung, Seyß-Inquart zum Bundeskanzler zu ernennen, nachgab und selbst Seyß-Inquart um einen Widerruf des Marschbefehls bat, ließ Hitler seine Truppen weiter in Österreich einmarschieren. Mit Jubel wurden die deutschen Truppen begrüßt. Und in einer Abstimmung am 10. April 1938 in Deutschland und Österreich stimmten 99,7% für den Anschluß Österreichs an Deutschland, der am 14. März 1938 durch ein Reichsgesetz schon vollzogen worden war. Im Gegensatz zu dieser erdrückenden Mehrheit lehnte Pater F. Reinisch den Anschluß Österreichs an Deutschland entschieden ab. Als Freund Schuschniggs, zu dem er treu hielt, erkannte er die Unrechtmäßigkeit dieser Vorgänge. Er empfand diesen Anschluß, den er selbst in Österreich, in seiner Heimatstadt Innsbruck miterlebt hatte, als eine "gewaltsame Okkupation". Für ihn war Hitler nicht der "Befreier", sondern der "Vergewaltiger Österreichs", der nun mit seiner "Irrlehre" auch über Österreich herfiel. Nie wollte er sich auch nur zu einem "Mitläufer" dieses nationalsozialistischen Regimes machen. So entgegnete er jemandem, der sich über die jetzige Größe Deutschlands freute: "Was, Österreich ist dazu gekommen? Gestohlen haben sie es! Dollfuß ermordet! Eine Brutalität ohnegleichen."[51] Schon kurz vor der Besetzung Österreichs hatte er in Predigten und Ansprachen, z.B. vor seiner alten Studentenverbindung Leopoldina, klar und deutlich vor einer Vereinigung Österreichs mit Deutschland gewarnt. So predigte er eines Sonntags in der Nähe von Salzburg: "In Deutschland ist der Teufel los. Ich war dort, ich habe es gesehen."[52] Von dieser Meinung konnte ihn auch nicht die Zustimmung der österreichischen Bischöfe zum Anschluß Österreichs an Deutschland abbringen. Die gewaltsame Besetzung Österreichs, seiner Heimat, festigte seine ablehnende Haltung gegenüber dem Nationalsozialismus noch mehr.

Im April 1938 wurde er nach Untermerzbach versetzt, wo er im Noviziat tätig war. Wie zu Beginn seiner eigenen Noviziatszeit befand er sich in gedrückter Stimmung und erwog, aus der Gesellschaft der Pallottiner auszutreten. Die vielen Versetzungen der letzten Jahre und besonders die abwartende Haltung vieler seiner Mitbrüder gegenüber Schönstatt hatten in ihm ein Gefühl der Ungeborgenheit und der Unzufriedenheit geweckt. Als seine Oberen davon erfuhren, versetzten sie ihn im November 1938 nach Schönstatt, wo er im engsten Kreis um Pater J. Kentenich mitarbeiten sollte.

Dort wurde ihm aufgetragen, in der Männerseelsorge und für die Weltmission zu arbeiten. Er hielt Exerzitien, Einkehrtage und Tagungen im Exerzitienhaus von Schönstatt aber auch in vielen anderen deutschen Städten. In den zwanziger Jahren hatte Papst Pius XI. (1922-1939) zur Katholischen Aktion und damit zum weltweiten Laienapostolat bzw. zur Weltmission aufgerufen. Da dieser Aufruf ganz der geistigen Welt Schönstatts und ihrer pallottinischen Wurzeln entsprach, griff man diesen Ruf des Papstes dort in besonderer Weise auf. So hatte man schon 1934 Mitglieder der Schönstattbewegung in die Mission nach Südafrika gesandt. Zur Aufgabe von Franz Reinisch gehörte es, diese Missionstätigkeit nach besten Kräften zu unterstützen. Wie diese Unterstützung aussehen sollte, sagte er selbst auf einer Tagung für Missionshelfer in Mannheim: "Die Mission ist nicht in erster Linie abhängig vom finanziellen Sammelerfolg, auch nicht von einer augenblicklichen Missionsbegeisterung, sondern von einer dauernden gesunden Missionshaltung."[53] Was verstand er jedoch unter dieser dauernden gesunden Missionshaltung? Er meinte damit das Streben nach innerer Vollkommenheit, die sich in der Heiligung des Werktages (Werktagsheiligkeit) jedes einzelnen äußern sollte. Dies entsprach dem Ideal der Schönstatt-Gründergeneration: "Alles für die religiös-sittliche Erneuerung der Welt, und zwar auf dem Wege des Opfers, der Nachfolge Christi, ja sogar der Bereitstellung des eigenen Lebensopfers."[54] In dieser Zeit der nationalsozialistischen Herrschaft das Thema "Weltmission", – welches in unmittelbarem Zusammenhang mit der Katholischen Aktion stand, die ohnehin von den Nationalsozialisten hart bekämpft wurde, – herauszustellen und dafür zu arbeiten, war äußerst gewagt. Der Internationalismus des Christentums widerstrebt eindeutig der nationalsozialistischen Weltanschauung, die alles auf ein Volk und ein Vaterland setzte. Hitler selbst hatte schon früh Konflikte auf diesem Gebiet zwischen Christentum und Nationalsozialismus gefürchtet. Auch Pater F. Reinisch erkannte dieses Feld als Konfliktgebiet frühzeitig und nutzte es dazu, seine ablehnende Haltung gegenüber dem Nationalsozialismus deutlich zu machen. Dieses zeigt folgender Predigtausschnitt von der besagten Mannheimer Tagung: "Das Symbol der Welterlösung und damit auch der Weltmission ist das Kreuz. Jesus ist der Weltapostel, der die Welterlösung gelehrt, gelebt und sich dafür verblutet hat. Er ist gestorben für alle, auch für die Juden ... Das Kreuz kämpft um seine Vorrangstellung in der Welt. – ... Helfen wir, dieses Freiheitszeichen des Weltenheilandes in allen Ländern der Erde aufzurichten! Für die Anerkennung des Kreuzes müssen wir uns einsetzen."[55] Und als entscheidender Vorwurf gegenüber der nationalsozialistischen Regierung formulierte er: "Menschen in der Gottesferne und im Gotteshaß mögen aufsehenerregende und welterschütternde Dinge tun, ihre Werke sind tot vor Gott. Sie machen Geschichten, aber keine Geschichte."[56]

Genauso offen, klar und deutlich predigte er auf dem Gebiet der Männerseelsorge. Angesichts der Bedrohung des Glaubens durch den Nationalsozialismus setzte er sich zum Ziel, überall kleine Männergruppen zu bilden, diese genau über die Zeitsituation aufzuklären und anzuregen, aus ihrer Erkenntnis heraus die notwendigen Konsequenzen für sich und die Kirche zu ziehen. Dazu reiste er quer durch Deutschland, um überall einzelne Männer zu besuchen, sie religiös weiterzubilden, zu stärken und zusammenzuschließen. Er förderte also bewußt in jedem einzelnen den Wertekonflikt zwischen dem christlichen Bekenntnis und dem Nationalsozialsimus und seinen Forderungen, um die Männer an eine klare und konsequente Entscheidung gegen den Nationalsozialismus und für den christlichen Glauben heranzuführen. Dieses Konzept kann als Hauptkonsequenz Pater F. Reinischs angesehen werden, welche er aus seiner ablehnenden Haltung gegenüber dem Nationalsozialismus für seine Tätigkeit als katholischer Priester zog. Auch schon vor seiner Versetzung nach Schönstatt läßt sich dieses Konzept der Aufklärung und Hinführung zu klaren Entscheidungen aus dem Glauben in seiner Seelsorge erkennen. So z.B. während seiner Zeit in Rechberg, wo er die Jugendlichen über den Ungeist des Nationalsozialismus aufgeklärt und ihnen bei der Intensivierung ihres religiösen Lebens beigestanden hat.

Lange konnte solch offenes Reden gegen den Nationalsozialismus der Gestapo jedoch nicht verborgen bleiben, zumal sich gerade Schönstatt immer mehr zu einem hochexplosiven Spannungsfeld entwickelt hatte. Schon im September 1935 hatte der Sicherheitsdienst einen ersten Bericht über Schönstatt verfaßt, in dem es zu harten Vorwürfen gegenüber dieser Bewegung gekommen war. Diese Vorwürfe waren: erstens, daß Schönstatt sich in geschickter Weise nationalsozialistischer Ideale wie das des Helden zu eigen mache; zweitens, daß es in Konkurrenz zum Nationalsozialismus eine Erneuerung Deutschlands anstrebe; und drittens, daß es im Dienst der damals noch sehr gefürchteten Katholischen Aktion stehe und Elitekader für sie ausbilde. Bald kam es zu Hausdurchsuchungen in Schönstatt, die sich mit Beginn des Krieges häuften und mit Hausenteignungen und Verhaftungen einhergingen. Viele seelsorgliche Arbeit wurde unmöglich gemacht oder mußte auf heimlichem Wege geschehen. Auch der engste Mitarbeiterkreis um Pater J. Kentenich, zu dem Pater F. Reinisch gehörte, mußte sich einen Tarnnamen zulegen; sie nannten sich fortan "Artusrunde". Eine Institution wie die Schönstatts, die sich bewußt zum Ziel gesetzt hatte, den Menschen zur freien Entscheidung zu ermutigen und die Gewissensbildung zu fördern, mußte den Nationalsozialisten mit ihren Bestrebungen, alles und jeden zu vereinnahmen und "gleichzuschalten", zuwider sein. Bei Pater F. Reinisch kam noch seine besonders radikale Art hinzu, mit der er in seinen Predigten und Vorträgen den totalen Einsatz des ganzen Menschen für den christlichen Glauben forderte und keine auch noch so kleinen Zugeständnisse gegenüber dem Nationalsozialismus zuließ. So trat am 12. September 1940 das ein, womit man bei ihm schon lange gerechnet hatte; ihm wurde an diesem Tag mitgeteilt, daß die Gestapo Berlin über ihn ein Redeverbot für das ganze Reich verhängt hatte. In der Begründung dieses Redeverbots wurde auf zwei Predigten Bezug genommen, die er am 3. April und am 13. Juni 1940 in Winzeln bei Rottweil vor Männern gehalten hatte. Einer der Teilnehmer mußte ihn denunziert haben. In diesen beiden Predigten, die einzigen, von denen noch die Entwürfe erhalten sind, hatte er den antichristlichen Charakter der gegenwärtigen Zeit des Nationalsozialismus aufgedeckt, ihn der "grundsätzlichen Lüge" bezichtigt und die Männer zur Treue und zum Gehorsam gegenüber dem christlichen Glauben, der Kirche und ihren Vertretern aufgerufen und sie ermutigt, sich verantwortungsvoll im Glauben weiterzubilden und daraus ihre Konsequenzen zu ziehen. Das Redeverbot erreichte ihn, während er in seiner Funktion als Männerseelsorger für die Männerkongregation in Aachen eine Predigtreihe hielt, die daraufhin abgebrochen werden mußte. Der Pfarrer, der ihn zu dieser Predigtreihe eingeladen hatte, berichtet, daß er besonders die klare und eindeutig ablehnende Haltung Pater F. Reinischs gegenüber dem nationalsozialistischen Regime bewundert habe. Für diese seine Haltung wäre Pater F. Reinisch auch bereit gewesen, "alles Schwere auf sich zu nehmen"[57]. Trotz dieser grundsätzlichen Haltung litt er unter dieser neuen Situation des Redeverbots, die ihn zur Untätigkeit verdammte. Seinen Aufgaben in der Weltmission und der Männerseelsorge war er mit Begeisterung und ganzer Hingabe nachgegangen. So berichtet eine Schönstätter Marienschwester von einer Begegnung mit Pater F. Reinisch in Schönstatt kurz nach der Erteilung des Redeverbots: "Er sagte mir: 'Stellen Sie sich vor, ich, als katholischer Priester habe Redeverbot bekommen, Ich darf nicht mehr reden.' Dabei standen ihm die Tränen in den Augen."[58] Es fiel ihm schwer, sich zurückzuhalten und nicht trotzdem auf die Kanzel zu steigen, um nun erst recht gegen den Nationalsozialismus zu predigen. Aus Rücksichtnahme auf seine Mitbrüder und die gesamte Schönstattbewegung sah er jedoch davon ab.

Trotz des Redeverbots und der Beobachtungen durch die Gestapo unterließ es Pater F. Reinisch aber nicht, auch jetzt noch quer durch Deutschland zu reisen, um vor kleinen Gruppen ermutigende Vorträge zu halten. Als Beweis für diese Untergrundtätigkeit liegen drei Zeugenaussagen vor, die von geheimen Treffen mit Pater F. Reinisch in Geisenheim/Rheingau, Ludwigshafen und Gelsenkirchen berichten. Aus der Zeugenaussage über seine geheime Tätigkeit in Gelsenkirchen wissen wir, daß Pater F. Reinisch vor seinem Kommen immer mit einer bestimmten Person Kontakt aufnahm, die dann den Treffpunkt und die Uhrzeit an die anderen weitergab. Wenn er dann selber kam, trug er nur einen einfachen Straßenanzug, also nicht seine Ordenstracht, weil er glaubte, überwacht zu werden. Während der Treffen betete man gemeinsam und sprach über die gegenwärtige Situation. So erinnert sich der Zeuge, daß Pater F. Reinisch z.B. "über seine Erlebnisse, die im Widerspruch zu Konkordat und Kirche standen, erzählt (hat), als auch über Fotos der SS, die (die) Geistlichkeit in Mißachtung bringen sollten."[59] Insgesamt urteilt der Zeuge: "Wir alle, die ihn gekannt haben, verdanken ihm, daß er dazu beigetragen hat, uns schon früh die wahren Absichten des NS-Regimes erkennen zu lassen."[60] Wenn Pater F. Reinisch nach einer solchen geheimen Zusammenkunft am Abend wieder Gelsenkirchen verlassen wollte und die Männer kein Auto zur Verfügung hatten, begleiteten ihn einige, z.B. in der Straßenbahn, da sie fürchteten, daß er von der Gestapo festgenommen werden könnte.

Neben dieser Tätigkeit im Untergrund widmete sich Pater F. Reinisch nach seinem Redeverbot auch der Übersetzung von kirchlichen Nachrichten und Predigten des Papstes aus italienischen Zeitungen, die er dann vervielfältigte und verbreitete.

Aufgrund der zur Verfügung stehenden Quellen über Pater F. Reinisch und seine Tätigkeit als katholischer Priester im nationalsozialistischen Deutschland können abschließend folgende Feststellungen gemacht werden: Als eindeutig belegt gilt seine massiv ablehnende Haltung gegenüber der nationalsozialistischen Ideologie und dem Hitler-Regime. Es bleibt auch kein Zweifel darüber, daß er diese Haltung von Anfang an und dann in sich steigerndem Ausmaße konsequent eingenommen und diese in offener und klarer Weise bekannt hat, was ihm dann schließlich das Redeverbot durch die Gestapo einbrachte. Und schließlich wird ganz deutlich, daß er die gesamte Zeitsituation fast ausschließlich aus religiöser Perspektive betrachtet hat, und es ihm in der Hauptsache um prinzipielle Unvereinbarkeiten zwischen seinem Glauben und der nationalsozialistischen Ideologie ging. So sah er in dem Nationalsozialismus antichristliche bzw. teuflische Mächte, gegen die sich ein gläubiger Christ mit aller Kraft zur Wehr setzen mußte. Aus dieser gläubigen Schau der Dinge entwickelte er sodann auch sein seelsorgliches Konzept, welches daraus bestand, daß er die Menschen einerseits über den antichristlichen Charakter des nationalsozialistischen Regimes aufklärte, und andererseits sie in ihrem Glauben weiterbildete und zu stärken versuchte, um sie dadurch zu einer klaren und radikalen Entscheidung für das Christentum und gegen den Nationalsozialismus hinzuführen. Aufgrund der damaligen Situation im nationalsozialistischen Deutschland mußte eine solche Entscheidung, wenn sie dann auch konsequent gelebt wurde, deutliche Nachteile und große Gefahren für den einzelnen mit sich bringen. Pater F. Reinisch bemühte sich, Menschen in solchen schwierigen Situationen Mut und Kraft aus dem Glauben zuzusprechen.

1.5. Verweigerer des Soldateneides und damit des Wehrdienstes unter Adolf Hitler (1939-1942)

1.5.1. Zum Heranreifen seines Entschlusses

Der erste uns bekannte Hinweis im Leben Pater F. Reinischs, der auf eine persönliche Auseinandersetzung mit der Problematik des Soldateneides schließen läßt, stammt aus dem Jahre 1939. Im Sommer dieses Jahres kam das Gespräch im Exerzitienhaus in Schönstatt auf die Frage nach dem Für und Wider des Soldateneides.[61] Ein Mitbruder Pater F. Reinischs stellte fest, daß die Bischöfe, die für diese Frage zuständig seien, nichts gegen den Eid geäußert hätten. Aus diesem Grund sähe er keine Möglichkeit, wie man diesen Eid umgehen könnte. Daraufhin soll Pater F. Reinisch gesagt haben: "Den Eid, den Soldateneid auf die nationalsozialistische Fahne, auf den Führer, darf man nicht leisten. Das ist sündhaft. Man würde ja einem Verbrecher einen Eid geben." Der Mitbruder konterte: "Er ist aber die gesetzliche Obrigkeit. Die Urchristen haben für Nero auch gebetet und haben ihn anerkannt." Darauf wieder Pater F. Reinisch: "Unser Gewissen verbietet es uns, einer Obrigkeit zu folgen, die nur Mord und Totschlag in die Welt bringt um der lüsternen Eroberung willen. Man darf diesem Verbrecher keinen Eid leisten." In dieser gespannten Situation wartete man auf eine Stellungnahme von Pater J. Kentenich, der dann in seiner ruhigen Art sagte: "Sehe jeder, wie er's treibe. Eines schickt sich nicht für alle! Wenn das Gewissen einem sagt: Man soll den Eid leisten, so ist es recht. Sollte das Gewissen den Eid ablehnen, so muß man diesem Gewissensruf folgen." Mit dieser Äußerung ergriff Pater J. Kentenich also nicht Partei für eine Seite, sondern überließ jedem persönlich die Entscheidung mit Hinweis auf das oberste Kriterium in Entscheidungssituationen: das Gewissen.

Was war aber das Problematische an dem Soldateneid des Dritten Reiches, daß in einem Ordenshaus derart heftig darüber diskutiert wurde? Pater F. Reinisch hat den Kern des Problems schon dadurch angeschnitten, daß er in dem Gespräch von einem Eid sprach, der auf "die nationalsozialistische Fahne" bzw. "den Führer" abgeleistet werden mußte. Bis Ende Juli 1934 hatte noch folgender Eid für die Angehörigen der Reichswehr gegolten:

"Ich schwöre bei Gott diesen heiligen Eid, daß ich meinem Volk und Vaterland allzeit treu und redlich dienen und als tapferer Soldat bereit sein will, jederzeit für diesen Eid mein Leben einzusetzen."[62] Seit dem Todestag des Reichspräsidenten Paul von Hindenburg, dem 2. August 1934, hatte Hitler durch ein Gesetz, welches das Datum des 1. August 1934 trägt, also schon vor dem Tode Hindenburgs verabschiedet worden war, das Amt des Reichspräsidenten mit dem des Reichskanzlers vereinigt. Damit gingen alle "bisherigen Befugnisse des Reichspräsidenten auf den Führer und Reichskanzler Adolf Hitler über"[63]. Demzufolge war er nun auch Oberbefehlshaber der Wehrmacht und führte eine neue Eidesformel ein, die lautete:

"Ich schwöre bei Gott diesen heiligen Eid, daß ich dem Führer des Deutschen Reiches und Volkes, Adolf Hitler, dem

Obersten Befehlshaber der Wehrmacht, unbedingten Gehorsam leisten und als tapferer Soldat jederzeit bereit sein will, für diesen Eid mein Leben einzusetzen."[64] Ganz bewußt hatte Hitler damit die Soldaten und Offiziere allein auf seine Person und nicht mehr auf Volk und Vaterland verpflichtet, wohl wissend, wie stark er sie dadurch, entsprechend der preußisch-deutschen Tradition, an sich binden konnte. Nach den Erinnerungen des ehemaligen Generalstabsoffiziers Rudolf-Christoph von Gersdorff, der später aktiv im Widerstand tätig war, verstanden die meisten Soldaten bei der Neuvereidigung nach Hindenburgs Tod nicht, welche weitreichenden Konsequenzen eine solche Eidesformel für sie haben konnte. So schreibt er: "... wer konnte damals schon ahnen, daß Hitler diesen Eid einmal benutzen würde, die Durchführung verbrecherischer Befehle zu erpressen?"[65] Weiter berichtet er, mit welcher Raffinesse sich Hitler den persönlichen Eid von der damaligen Wehrmacht erschlichen hat, indem die Soldaten nach der Totengedenkfeier für den verstorbenen Reichspräsidenten ohne vorheriges Bekanntwerden der neuen Eidesformel zum Schwur aufgefordert wurden. Auch wenn jemand die neue Eidesformel gekannt hätte, wäre er praktisch nicht in der Lage gewesen, den Schwur zu verweigern.

Auf diesem Hintergrund wird deutlich, welche Bedenken sich in einem radikalen Christen wie Pater F. Reinisch, der auch schon seine negativen Erfahrungen mit dem nationalsozialistischen Regime gemacht und dieses als "pompa diaboli"[66], als Blendwerk des Teufels, bezeichnet hatte, regen mußten, wenn er daran dachte, daß er auch einmal dazu aufgefordert werden konnte, diesen Eid auf den Exponenten der antichristlichen Bewegung abzuleisten. Mit dem Ausbruch des Krieges am 1. September 1939 wuchs nicht nur die Wahrscheinlichkeit für jeden allgemein Wehrfähigen, zum Militärdienst eingezogen zu werden, sondern auch für den katholischen Priester. Wehrdienstverweigerung aus Gewissensgründen, so wie wir es heute kennen, gab es nicht. Jeder wußte, daß demjenigen, der sich der Einberufung entzog oder den Wehrdienst durch Eidverweigerung ablehnte, der Tod sicher war. Und damit nicht genug, ein solcher Tod wurde in der Öffentlichkeit als Unehre und Schande gebrandmarkt. Der Verweigerer galt als Verräter. Und Hitler unterließ es nicht, den Menschen dieses einzuschärfen. So sagte er schon zu Beginn des Zweiten Weltkrieges in seiner Reichstagsrede vom 1. September 1939, die durch den Rundfunk in jedem Haushalt gehört werden konnte: "So wie ich bereit bin, jederzeit mein Leben einzusetzen – jeder kann es mir nehmen für mein Volk und für Deutschland –, so verlange ich dasselbe auch von jedem anderen. Wer aber glaubt, sich diesem nationalen Gebot, sei es direkt oder indirekt widersetzen zu können, der fällt! Verräter haben nichts in Deutschland verloren."[67]

Für die Regelung betreffend der Einberufung der katholischen Geistlichkeit hatte Hitler schon im Konkordat vom 20. Juli 1933 vorgesorgt, obwohl es zu diesem Zeitpunkt aufgrund des Versailler Vertrages noch nicht einmal die allgemeine Wehrpflicht in Deutschland gab. Sie wurde am 16. März 1935 durch eigenmächtiges Aufkündigen der Entwaffnungsbestimmungen des Versailler Vertrages seitens des Hitler-Regimes in Deutschland eingeführt.[68] Demzufolge hätte eine derartige Vereinbarung, wie sie im Juli 1933 mit dem Vatikan eingegangen wurde, in der Öffentlichkeit zu Protesten führen können. Aus diesem Grund entschloß man sich, diese Vereinbarung in einem geheimen Zusatz an das Konkordat anzufügen. In diesem geheimen Zusatz hieß es, daß für den Fall der Einführung der allgemeinen Wehrpflicht bezüglich der "Heranziehung von Priestern und anderen Mitgliedern des Welt- und Ordensklerus" folgendes gelten sollte: a. Priesteramtskandidaten sind vom Militärdienst grundsätzlich befreit, außer im Falle der allgemeinen Mobilmachung. b. "Im Falle einer allgemeinen Mobilisierung sind die Geistlichen, die in der Diözesanverwaltung oder in der Seelsorge beschäftigt sind, von der Gestellung frei. Als solche gelten die Ordinarien, die Mitglieder der Ordinariate, die Vorsteher der Seminare und kirchlichen Konvikte, die Seminarprofessoren, die Pfarrer, Kuraten, Rektoren, Koadjutoren und die Geistlichen, die dauernd einer Kirche mit öffentlichen Gottesdiensten vorstehen." c. Alle übrigen, für tauglich erklärten Geistlichen werden entweder für die Seelsorge bei den Truppen oder zum Sanitätsdienst eingezogen. d. "Die übrigen Kleriker in sacris oder Ordensleute, die noch nicht Priester sind, sind dem Sanitätsdienst zuzuteilen ..."[69] Nach dieser Regelung konnte also ein Geistlicher nur dann der Einberufung zum Militärdienst und damit der Aufforderung zur Eidesleistung entgehen, wenn er entweder in der Diözesanverwaltung beschäftigt war oder eine feste Seelsorgsstelle mit gesetzlich anerkannter Freistellung hatte. Für Mitglieder einer religiösen Gemeinschaft, wie z.B. die der Pallottiner, war es besonders schwer, eine feste Seelsorgsstelle zu bekommen. Und für Pater F. Reinisch sollte es noch erheblich schwieriger werden, da ihm Redeverbot erteilt worden war, und er unter diesen Umständen den Anforderungen einer festen Seelsorgsstelle nicht gerecht werden konnte (s.u.).

Die nächste für uns erkennbare wichtige Phase im Heranreifen der Entschlusses von Pater F. Reinisch, den Fahneneid auf A. Hitler und damit den Wehrdienst zu verweigern, begann mit dem 1. März 1941. An diesem Tag erhielt er den Bereitschaftsbefehl zum Eintritt in die Wehrmacht, was bedeutete, daß er nun jederzeit mit der endgültigen Einberufung rechnen mußte. Ein Ausschnitt aus seiner Tagebucheintragung desselben Tages zeigt, wie sehr er diesen Bereitschaftsbefehl als persönliche Herausforderung an sich verstand, die es anzunehmen galt. Er schrieb: "Samstag, der Tag der Mater ter admirabilis[70], sei mir gegrüßt! Eine ernste und doch freudige Botschaft, die mir zuteil geworden ... Bereitschaft!!! Ich komme, dich zu holen! – Herr und Herrin, euer Diener hört! Ca. 11 Uhr vormittags, während des Breviergebetes, erhielt ich von P. Schneider die Karte: Bereitschaftsbefehl! – Ich sprach kein Wort dazu. – Ich betete weiter. Langsam beginnt es in mir nun zu blitzen und zu leuchten. Die Tragweite dieser Kunde beginnt allmählich sich zu entschleiern ... Es beginnt ein gewaltiges seelisches Ringen! ... Schon lange hatte ich die Ahnung, daß ich nicht mehr lange am Leben bleiben werde. Auch die Art meines Todes ward mir klar. Ob nun die Zeit gekommen? ... Ist es der Wille Gottes, diese Todesart zu wählen? Was kann mir darauf die Antwort geben? ... Ist dieser Tod nicht in der Gegenwart eine Selbstverständlichkeit geworden? Laß mich ihm mit Entschlossenheit und Gottes Gnade entgegengehen! ..."[71] Diese Tagebucheintragung, auf die später noch ausführlicher eingegangen wird, zeigt, daß die grundsätzliche Entscheidung zur Eid- und Wehrdienstverweigerung in Pater F. Reinisch schon zu diesem Zeitpunkt gefallen war. Seine Gedanken kreisten sogar kaum mehr um die Frage der Erlaubtheit des Fahneneides oder des Wehrdienstes, sondern in der Hauptsache setzte er sich schon mit der Konsequenz einer Verweigerung, seinem Tod, auseinander. Es scheint fast so, als ob ihm diese Konsequenz wichtiger als die Eidverweigerung selbst war.

Auch wenn Pater F. Reinisch an diesem 1. März 1941 schon prinzipiell eine Entscheidung getroffen hatte, so waren damit noch nicht alle Zweifel und Schwierigkeiten überwunden. Um seine Entscheidung immer wieder neu zu überdenken und zu überprüfen, suchte er nach Aussprachen mit Freunden, Mitbrüdern und besonders mit Pater J. Kentenich, zu dem er großes Vertrauen hatte. Pater J. Kentenich war neben den Eltern Pater F. Reinischs der einzige, der seinem Entschluß weder widersprach noch eindeutig zustimmte, sondern er war bemüht, ihm in seiner Entscheidungssituation zur Klarheit zu verhelfen. So gab er ihm in zwei Briefen, die er selbst im Koblenzer Gefängnis sitzend an Pater F. Reinisch schrieb und die unter großen Gefahren herausgeschmuggelt werden mußten, zu verstehen, daß er vielleicht gar nicht wisse, wieviele Gaben, nämlich an Verstand, tiefen Erkenntnissen und festem Willen ihm Gott geschenkt hat, und daß er ihm diese Gaben im reichen Maße vervielfältigt zurückschenken sollte. Und ferner sollte er nach der konkreten Aufgabe, die ihm Gott für sein Leben gestellt hat, suchen, und dabei genau beachten, wohin der Zug seines Herzens ginge und welche anderen Möglichkeiten sich für ihn unter den gegenwärtigen Verhältnissen noch ergeben könnten; und schließlich folgte der Hinweis, er solle sein Leben möglichst teuer verkaufen und nicht zu leicht und schnell hergeben.[72] Bei einem Abendspaziergang noch vor der Verhaftung Pater J. Kentenichs hatte dieser in gleicher Weise mit Pater F. Reinisch gesprochen und das Gespräch mit den Worten beendet: "Wenn es der Wille Gottes ist, dann sterben Sie als Opferlamm!"[73] Die Ratschläge und Hinweise von Pater J. Kentenich nahm Pater F. Reinisch sehr ernst, sie tauchen später immer wieder in seinen Gefängnisniederschriften auf.

So wie bei dem Gespräch vom Sommer 1939 im Exerzitienhaus von Schönstatt (s.o.), sprach Pater F. Reinisch auch nun gegenüber seinen Mitbrüdern und Freunden in offener und radikaler Weise von seiner Einstellung zum Fahneneid. Dabei soll seine Art, den eigenen Standpunkt hartnäckig zu vertreten, oft zu regelrechten Streitgesprächen mit seinen Mitbrüdern geführt haben. Er litt sehr darunter, wenn er sich bei diesen Gesprächen durch sein Temperament hatte hinreißen lassen. Zu diesen Auseinandersetzungen erzählt ein Zeitzeuge: "Auch wenn wir seine theologischen und pastoralen Ansichten nicht in allem teilten, konnte uns doch nicht entgehen, daß er stets aus einer frommen und ehrlichen Glaubensüberzeugung dachte und handelte."[74] Zwei weitere Zeugen, ein Mitbruder und ein Pfarrer, berichten von persönlichen Aussprachen mit Pater F. Reinisch. Beide erklären, daß es sich bei Pater F. Reinisch um eine persönliche Gewissensentscheidung gehandelt hat, den Fahneneid auf A. Hitler zu verweigern. So berichtet der eine: "Obgleich ich der Meinung war, man könne sich ein sicheres Gewissen für den Militärdienst bilden, lehnte er dies für sich ab. Ich konnte letztlich nur in Bewunderung vor der heldenhaften Entscheidung meines Mitbruders stehen."[75] Der andere Zeitzeuge, der ein sehr guter Freund von Pater F. Reinisch war und von diesem oft besucht wurde, erklärt übereinstimmend in seiner Aussage, daß er mit Pater F. Reinisch eine ganze Nacht über die Frage "soll ich den Eid ablegen oder nicht" diskutiert habe, und Pater F. Reinisch den Eid aus der Verantwortung vor seinem Gewissen abgelehnt hat.[76] Gegenüber Bekannten soll Pater F. Reinisch geäußert haben, daß er auf das deutsche Volk den Fahneneid leisten könnte, aber auf einen Mann wie Hitler nie; er habe niemals die Absicht, sich unter die nationalsozialistische Fahne zu beugen.

Aufgrund dieser offenen Absichtsbekundungen, die auch den Ordensoberen von Pater F. Reinisch nicht verborgen bleiben konnten, versuchten diese, ihn vor der Einberufung zu bewahren. Er sollte erst gar nicht in die Situation kommen, einen Eid auf Hitler schwören zu müssen. Mit diesen Bemühungen seiner Oberen war Pater F. Reinisch durchaus einverstanden, da ihre Maßnahmen ein Ausnutzen der natürlichen Möglichkeiten darstellten. Wie oben schon dargelegt, war der einzige Weg für einen Geistlichen, der Einberufung zu entgehen, die Übernahme einer festen Seelsorgsstelle oder einer Stelle in der Diözesanverwaltung. Da letzteres ohnehin nicht in Betracht kam, bemühte man sich um eine feste Seelsorgsstelle mit gesetzlicher Freistellung vom Militärdienst. Da es nicht leicht war, gerade für Pater F. Reinisch aufgrund seines Redeverbotes eine solche Stelle zu finden, mußte mit einer nicht geringen Wartezeit gerechnet werden. In dieser Zeit mußte zweierlei erreicht werden: zum einen mußte Pater F. Reinisch vor weiteren Zugriffen durch die Gestapo geschützt werden, und zum anderen mußte seine Einberufung auf andere Art und Weise verzögert werden. So entschlossen sich seine Oberen, Pater F. Reinisch vom Gefahrenort Schönstatt, wo er am ehesten der Gestapo ausgeliefert war, an einen anderen Ort zu versetzen. Dann sollten hintereinander mehrere Versetzungen folgen, um nicht durch einen längeren Verbleib an ein und demselben Ort das Interesse staatlicher Stellen zu stark auf ihn zu lenken. So wurde er noch im März 1941 nach Außergefild[77] im Böhmerwald versetzt, wo er einen erkrankten Mitbruder, der dort Pfarrer war, vertreten sollte. Von dort aus schrieb er in einem Brief nach Wuppertal: "... Dreiviertel Jahr Winter und kalt! Ebenso sind die Herzen kalt! Drei Wochen sitze ich am neuen Ort, wohin mich die MTA vorübergehend gestellt. Wenn die Neuigkeiten draußen im Weltgetriebe der Großstadt veraltet und überholt sind, dann erfahren wir sie hier oben in 1000 m Höhe abgesperrt von aller Welt – hinter dem Mond! – Tagelang keine Zeitung und keine Post, 25 km entfernt die nächste Eisenbahn. Zudem kein Radio. Dauernde Stille und Einsamkeit: Exerzitienluft!"[78] In dieser Zeit der Abgeschiedenheit wurde ihm wieder neu bewußt, wie groß die Kluft zwischen Ideal und Wirklichkeit in seinem Leben war. Er beschloß, verstärkt an sich zu arbeiten, und faßte in einem Satz sein nun deutlich vor ihm stehendes persönliches Lebensideal zusammen: "Als liebeglühender Schönstatt-Apostel leben und sterben!" Unverkennbar hat er in diesem Ideal die Geisteswelt Schönstatts mit den Gedanken Pallottis durch den Begriff "Schönstatt-Apostel" verbunden. Mit dieser klaren Erkenntnis seines persönlichen Ideals war eine weitere Stufe in seinem Entscheidungsprozeß hinsichtlich der Eidverweigerung erreicht. In seiner Tagebucheintragung vom 1. März 1941 sind zwar schon einzelne Fragmente dieses Ideals zu erkennen gewesen, jedoch handelte es sich zu diesem Zeitpunkt noch um ein Suchen und Tasten. Nun hatte er aber eine präzise Vorstellung von seinem Lebensziel errungen, die er in besonders deutlicher Art und Weise später noch in seinen Gefängnisniederschriften entfaltete (s.u.).

Im August des Jahres 1941 war er bei seinen Eltern in Innsbruck, wo er am 15. den zweiten Bereitschaftsbefehl erhielt. In einem Brief äußerte er sich folgendermaßen dazu:

"Wann werde ich für immer ins himmlische Vaterhaus gerufen durch den stets zu erwartenden Gestellungsbefehl? – Beten Sie ein Ave mehr, damit sich doch Gottes und der Gottesmutter Wille klar erkennen läßt, was um meine Zukunft werden soll."[79]

Durch diese Briefnotiz werden zwei Dinge deutlich: zum einen seine Todesbereitschaft und zum anderen sein Bestreben, nicht gegen den Willen Gottes den Tod zu suchen. Trotz der Ungewißheit über seine Zukunft, schrieb er etwas später an seine Schwester, daß er immer "endlos sorglos" sei, da er sich ganz geborgen im Willen Gottes und im Herzen der Gottesmutter wisse.

Im Oktober des Jahres wurde er für eine kurze Zeit nach Eichstätt in das Alumnat der süddeutschen Provinz versetzt. Fast den gesamten Dezember verbrachte er bei seinen Eltern in Innsbruck und wurde dann im Januar 1942 gemäß der Taktik seiner Oberen zur Seelsorgsaushilfe nach Abenberg bei Nürnberg versetzt. Da der zuständige Bischof wenig von der Haltung Pater F. Reinischs hielt, blieb er nur einen Monat in Abenberg. Den Februar 1942 verbrachte er hauptsächlich in Schönstatt, nutzte aber auch die Zeit, um Freunde und Bekannte zu besuchen. So berichtet ein Zeitzeuge von einem Besuch in Gelsenkirchen, wo Pater F. Reinisch auch noch nach seinem Redeverbot geheime Zusammenkünfte abhielt. Bei diesem Besuch soll Pater F. Reinisch von seiner Absicht, den Eid auf Hitler zu verweigern, erzählt haben. Er könne einem "Eidbrüchigen" keinen Eid leisten. Auf den Hinweis, daß ein solcher Schritt ihm das Leben kosten würde, soll er nur geantwortet haben: "Ich kann nicht anders." Zum Abschied sagte er noch: "Beten Sie für mich, damit Gottes Wille an mir geschehe. Wir werden uns wohl nicht wiedersehen."[80] Pater F. Reinisch nahm also schon jetzt Abschied, obwohl er noch keinen Gestellungsbefehl hatte und seine Oberen in ihren Bemühungen um eine feste Seelsorgsstelle noch nicht die Hoffnung aufgegeben hatten.

Am 1. März 1942 wurde er dann zum letzten Mal versetzt. Er kam als Aushilfspriester nach Wegscheid bei Passau, wo er ein kleines Krankenhaus zu versorgen hatte, in der Pfarrei Beichte hörte und Kranke versah. In dieser Zeit seines Aufenthaltes in Wegscheid schienen die Bemühungen seiner Oberen endlich Erfolg gehabt zu haben. Durch eine bischöfliche Einrichtung sollte eine feste Seelsorgsstelle für Pater F. Reinisch in Schöllkrippen geschaffen werden. Doch die laufenden Verhandlungen wurden durch den endgültigen Gestellungsbefehl überholt, der Pater F. Reinisch am 7. April erreichte. Pater F. Reinisch sah in diesen Geschehnissen ein Zeichen der Vorsehung, welches ihn in seiner Ansicht bestärkte, daß es der Wille Gottes sei, seinen einmal gefaßten Entschluß auch durchzuführen. In dieser Gewißheit fuhr er vom 11. bis 14. April nach Innsbruck zu seinen Eltern, um diesen seinen Entschluß mitzuteilen und sich endgültig von ihnen zu verabschieden. Wie in früheren Jahren unterrichtete er zunächst seinen Vater über sein Vorhaben. Von diesem Gespräch erzählt seine Schwester: "Als Franz zum letzten Male zu Hause war, kam ich zufällig nach Hause. Es war eine gedrückte Stimmung. Wenn ich ins Zimmer kam, gingen Papa und Franz in die Küche, kam ich in die Küche, dann gingen sie ins Zimmer. Dieses Benehmen war mir völlig fremd, denn wir hatten sonst nie Geheimnisse voreinander. Da kam ich wieder ins Zimmer, und ich hörte eben noch, wie Franz zu Papa sagte: 'Hast du jemals dem Führer deine Stimme gegeben?' – 'Nein!'– Darauf Franz: 'Nun, was willst du denn von mir? Ich bin dein Sohn! Ich gebe ihm auch meine Zustimmung nicht. Das kannst du nicht von mir verlangen.' Und damit war die Debatte zu Ende."[81] Am Nachmittag desselben Tages begleitete Pater F. Reinisch seine Eltern auf den städtischen Friedhof, wo diese häufig den Kreuzweg beteten. Hier unterrichtete er seine Mutter von seinem Entschluß, indem er sie vor der dreizehnten Station fragte, ob sie gleich der Gottesmutter eine Schmerzensmutter sein könnte, die ihr Kreuz trägt und nicht zusammenbricht. Seine Mutter gab ihm zur Antwort, daß sie es können werde, wenn Gott ihr die Kraft dazu gebe. Auf diese Worte hin erzählte er ihr von seiner beabsichtigten Eidverweigerung. Am 14. April verließ Pater F. Reinisch endgültig sein Elternhaus. Er hinterließ einen Abschiedsbrief, da er nicht wußte, wie schnell seine Angelegenheit vor sich gehen würde, und ob er aus dem Gefängnis schreiben dürfe.

Noch in Wegscheid hatte er einen Brief an seinen Provinzial geschrieben, um ihm seine Einberufung mitzuteilen und nochmals auf sein Vorhaben hinzuweisen. Da er schon früher darauf aufmerksam gemacht worden war, daß eine Eidverweigerung negative Folgen für die Gemeinschaft der

Pallottiner haben könnte, wies er in diesem Schreiben "auf die Möglichkeit einer nur äußeren Trennung von der Gemeinschaft ... bei gleichzeitigem inneren Verbleib in derselben"[82] hin. Durch eine solche öffentliche Distanzierung hoffte er, dem Verdacht, daß jeder Pallottiner ein potentieller Eidverweigerer sei, entgegenwirken und so Schaden von der Gesellschaft abwenden zu können.

Diese Sorge um die Gemeinschaft der Pallottiner, seine letzten Abschiedsbesuche und -briefe beweisen deutlich, wie ernst es Pater F. Reinisch nach allen theoretischen Überlegungen nun auch um die tatsächliche Durchführung seines Entschlusses ging. Ein Zurück gab es für ihn nicht mehr. Das Ende seines Ringens um die richtige Entscheidung markierte er selber am 14. April 1942 in einem privaten Abschiedsbrief durch die Sätze: "Die Würfel sind nun gefallen. Gott, der Herr hat gerufen."[83]

1.5.2. In Haft

Nach dem Gestellungsbefehl hatte Pater F. Reinisch sich am 14. April bei der dritten Kompanie der Sanitäts-Ersatz-Abteilung 13 in Bad Kissingen einzufinden. Trotz dieses Befehls war er jedoch erst am Morgen des 14. von Innsbruck abgereist und verbrachte den Rest des Tages und die Nacht bei einer Familie in Bamberg. Über diesen letzten Aufenthalt in Freiheit existiert eine Zeugenaussage, in der es heißt: "An dem Tag, an dem sich P. Reinisch in Bad Kissingen zum Militärdienst melden sollte, kam er am Nachmittag zu uns nach Bamberg und wollte meine Schwiegermutter besuchen. Ich mußte ihm sagen, daß sie im Februar d.J. verstorben war. P. Reinisch war davon tief getroffen und schien wie erstarrt. Dann sagte er: 'Dann steht mein

Entschluß fest.' Ich konnte mir nicht vorstellen, was er damit meinte ... Erst am Abend sagte er dann, daß er Stellungsbefehl habe und sich an diesem Tag ... hätte melden sollen. Er wolle jetzt aber erst am nächsten Tag fahren, denn er sei fest entschlossen, nicht unter Hitler, der sein Vaterland verraten habe, zu dienen. Es war ihm, wie jedem, klar, was ihn bei einer Verweigerung erwartete, und alle Hinweise auf die Folgen, alle meine Versuche, ihn umzustimmen (Sanitätsdienst sei doch auch ein Dienst für Hilflose, Not lindern, auch geistlicher Beistand möglich), konnten ihn nicht mehr von seinem Entschluß abbringen."[84] Man kann aus dieser Zeugenaussage sicherlich nicht den Schluß ziehen, daß Pater F. Reinisch erst aufgrund der Nachricht vom Tode einer ihm vermutlich sehr nahestehenden Frau letztlich seinen Entschluß zur Eidverweigerung gefaßt habe, sondern wahrscheinlicher ist, daß er sich durch den Tod dieser Frau in seinem Vorhaben noch weiter bestätigt sah, und deshalb in bekräftigender Art und Weise sagte: "Dann steht mein Entschluß fest."

Am Morgen des 15. April feierte er noch eine hl. Messe in einer Pfarrkirche in Bamberg und fuhr dann nach Bad Kissingen. Aufgrund seines Zuspätkommens wurde er sofort von dem zuständigen Feldwebel angefahren, ob er keinen Wert darauf legen würde, Soldat zu werden. Pater F. Reinisch antwortete ihm: "Ich würde dann Wert darauf legen, wenn ich einem anderen Regime zu dienen hätte."[85] Trotz dieser Äußerung wurde er in seine Stube eingewiesen. Als man jedoch erfuhr, daß er dort gegenüber den anderen Soldaten gleichfalls erklärte, daß er nicht daran denke, Soldat zu werden und den Eid zu leisten, führte man ihn vor den zuständigen Gerichtsoffizier. Dieser wollte ihn nicht sofort verhaften, sondern versuchte ihn durch verständnisvolles Zureden umzustimmen. Schon bald mußte er jedoch feststellen, daß Pater F. Reinisch seinen Entschluß nach allen

Seiten hin durchdacht hatte, "denn er wußte auf jeden Einwand klar und scharfsinnig zu antworten"[86]. Daraufhin mußte er ihn verhaften.

In der Zwischenzeit hatte auch der Provinzial von Pater F. Reinisch, Pater J. Frank, dessen Brief aus Wegscheid erhalten. Gemeinsam mit seinen Räten überlegte er, wie Pater F. Reinisch von seinem Entschluß abzubringen sei. Sie beschlossen, einen Provinzialrat zu ihm zu senden, der ihm mehrere Gründe zur Überprüfung seiner Haltung darlegen sollte. Für den Fall, daß diese mündliche Aussprache nicht zur Revision seines Entschlusses führen sollte, hatte man am 13. April ein Dokument vorbereitet, in dem es hieß: "... Sollten Sie seinen Vorstellungen [damit waren die Vorstellungen des zu ihm gesandten Provinzialrates gemeint] jedoch kein Gehör schenken und ihr Vorhaben verwirklichen – was Gott verhüten wolle –, so erkläre ich hiermit: In dem Augenblick, in dem Sie Ihr Vorhaben nach außen wirksam durchführen, sind sie kraft meiner Pflicht und Vollmacht aufgrund der Satzung 210[87] ohne weiteres aus der Gesellschaft entlassen und ist Ihnen das Kleid der Gesellschaft entzogen. Unter ihrem 'Vorhaben' verstehe ich Verweigerung der Dienstpflicht oder des Fahneneides, so daß sie schwerste Strafen zu gewärtigen haben. In der Hoffnung, daß Sie in Erwägung der Worte des Heilandes: 'Gebt dem Kaiser, was des Kaisers ist, und Gott, was Gottes ist', Ihr Gewissen richtig bilden und ihr Vorhaben unterlassen, bin ich Ihr wohlmeinender Oberer."[88] Dieses Dokument, welches einem Ausschluß aus der Gemeinschaft der Pallottiner gleichkam, sollte nur im äußersten Notfall zur Anwendung gebracht werden. Mit diesen Weisungen traf der Provinzialrat Nägele am 18. April in Bad Kissingen ein. Am 20. April wurde ihm eine Aussprache mit Pater F. Reinisch in Gegenwart der Militärbehörden gestattet. Als Pater F. Reinisch für einen kurzen Augenblick mit seinem Mitbruder alleine war, sagte er zu diesem: "Es hat keinen Zweck. Machen Sie es kurz."[89] Trotzdem legte dieser alle Gründe, die seiner und nach Meinung der Oberen einer Eidverweigerung widersprachen, dar. Pater F. Reinisch blieb jedoch bei seinem Entschluß, so daß der Provinzialrat ihm das Schreiben seines Oberen Pater J. Frank vom 13. April überreichte. Ohne weiteres bestätigte Pater F. Reinisch schriftlich den Empfang und die Kenntnisnahme dieses Dokuments. Als sein Oberer davon erfuhr, war er bestürzt, da er nicht damit gerechnet hatte, daß Pater F. Reinisch trotz der gegenteiligen Ansicht seiner Oberen an seinem Vorhaben festhalten würde. So hatte er auch nicht wirklich beabsichtigt gehabt, Pater Reinisch aus der Gesellschaft zu entlassen, vielmehr sollte das Dokument ein letztes Druckmittel sein. Für Pater F. Reinisch und die Militärbehörden, die ihn ab diesem Zeitpunkt auch nur noch als "Weltpriester" bezeichneten, galt er nun aber als entlassen. Faktisch ließ es der Provinzial Pater Frank jedoch nicht so weit kommen. Denn für einen rechtskräftigen Ausschluß aus der Gemeinschaft hätte es eines kirchenrechtlichen Prozesses in Rom bedurft, den die Pallottiner jedoch nicht anstrengten. Nun war der Obere von Pater F. Reinisch bemüht, ihn von seinem Verbleib in der Gemeinschaft zu unterrichten, was jedoch nicht ganz einfach war (s.u.). Zu den Vorgängen des 20. April schrieb Pater F. Reinisch später in seinen Gefängnisniederschriften: "Ausgerechnet am *20.4.* war es, da wollte mich mein Provinzial durch P. Nägele in Gegenwart der Militärbehörden zum Fahneneid bewegen lassen. Das war für mich der Tag, wo ich mich erst recht für Christus entschied."[90] Der 20. April war der Geburtstag A. Hitlers, der im allgemeinen mit großen Feierlichkeiten begangen wurde.

Da Pater F. Reinisch an seinem Entschluß festhielt, leitete der Kommandeur der Dritten Kompanie/San.-Ers.-Abt. 13 seine Angelegenheit an das zuständige Gericht in Würzburg weiter. Der dortige Kriegsgerichtsrat, dem die Aufgabe zufiel, über die Sache zu entscheiden, hat einen ausführlichen Privat-Bericht über sein Gespräch mit Pater F. Reinisch, der ihm eines Tages vorgeführt wurde, verfaßt.[91] Nach diesem Bericht war ihm der Fall äußerst unangenehm, da er selbst Katholik war, früher ebenfalls den Wunsch gehabt hatte, Priester zu werden, und vollstes Verständnis für die Einwände Pater F. Reinischs gegenüber dem Hitler-Regime hatte. Als Katholik wollte er nicht die Schuld auf sich laden, an dem Todesurteil über einen katholischen Priester beteiligt zu sein. So brachte er alle möglichen Einwände gegen die Absicht Pater F. Reinischs vor. Er argumentierte mit der Haltung der katholischen Kirche zum Problem des Eides und des Kriegsdienstes, mit einem Appell an seinen Gehorsam gegenüber seinen Oberen und schließlich mit der Sinnlosigkeit eines solchen Opfers. Auf alle Einwände entgegnete Pater F. Reinisch in gefaßter und ruhiger Haltung. Als der Kriegsgerichtsrat die Aussichtslosigkeit seiner Überredungsversuche erkannte, bat er in seiner Hilflosigkeit unter Tränen, daß Pater Reinisch ihn nicht dazu zwingen solle, den Haftbefehl gegen ihn zu eröffnen. Pater F. Reinisch war betroffen von der Fassungslosigkeit des Kriegsgerichtsrates, jedoch bat er ihn, "ihm die Durchführung seines eigenen, schweren Entschlusses nicht noch schwerer zu machen ... Er habe sich in den Augen der Welt straffällig gemacht, er warte darauf, daß er seinem Richter zugeführt werde." Auch ein Gespräch mit dem dienstältesten Richter des Kriegsgerichtes, Oberkriegsgerichtsrat Dr. Stoll, führte zu keiner Umstimmung in der Haltung Pater F. Reinischs. Schließlich mußte der Kriegsgerichtsrat doch den Haftbefehl gegen Pater Reinisch eröffnen und seine Akten an den Präsidenten des Reichskriegsgerichtes in Berlin weiterleiten. Da nun dort seine Angelegenheit weiter bearbeitet werden sollte, wurde Pater F. Reinisch in der Nacht vom 7. auf den 8. Mai in das Gefängnis Berlin-Tegel verlegt. Während des Transportes verschaffte man ihm die Möglichkeit, in einem Pfarrhaus heimlich die hl. Messe zu feiern.

In der Zwischenzeit hatten auch die Eltern von Pater F. Reinisch durch einen Brief von ihm erfahren, daß er verhaftet worden war. Obwohl sie prinzipiell mit seiner Haltung übereinstimmten, traf sie diese Nachricht schwer. Der Vater soll gesagt haben: "... Das ist mir zuviel! ... Ich kann nicht mehr beten, und doch – ich lasse mich nicht närrisch machen. – Der Franzl sitzt. – Das ist mir zuviel."[92]

Gleichzeitig ließ auch der Obere von Pater F. Reinisch, Pater J. Frank, in seinen Bemühungen nicht nach, das Leben von ihm durch Umstimmungsversuche zu retten. So reiste er am 23. April 1942 zu seinen Eltern nach Innsbruck, um den Vater zu bewegen, in diesem Sinne mit seinem Sohn zu sprechen. Dieser lehnte jedoch entschieden ab und bemerkte dazu, daß sein Sohn groß genug sei, um seine Entscheidungen selbständig treffen zu können, und außerdem denke er, der Vater, genauso. Daraufhin versuchte der Obere, durch andere Personen auf Pater F. Reinisch einzuwirken. Am 4. Mai schrieb er an den Gefängnisseelsorger von Bad Kissingen. Dieser schrieb ihm zurück, daß Pater F. Reinisch auf seinem Standpunkt beharren würde, jedoch im Auftrag von diesem solle er ihm mitteilen, daß er im inneren Gehorsam gegen seinen Oberen sterben und um Wiederaufnahme in den Orden nach seinem Tode bitten würde. In dem Schreiben vom 4. Mai hatte der Obere vermutlich auch um eine persönliche Unterredung mit Pater Reinisch gebeten, denn am 12. Mai kam ein Brief vom Oberreichskriegsanwalt aus Berlin-Charlottenburg zurück – an den das Schreiben des Oberen vom 4. Mai zuständigkeitshalber weitergeleitet worden war –, in dem darauf hingewiesen wurde, daß Pater F. Reinisch keine Unterredung mit ihm wünsche. Aber auch jetzt gab der Obere nicht auf, sondern wandte sich in einem nächsten Schreiben vom 13. Mai an den katholischen Feldbischof der Wehrmacht, Franz Justus Rarkowski, in Berlin. Dieser war bereit, die in den Wehrmachtsuntersuchungsgefängnissen von Berlin tätigen Standortpfarrer von der Angelegenheit Pater Reinisch zu unterrichten. Einer persönlichen Besprechung mit Pater F. Reinisch, um die ihn der Obere gebeten hatte, wich er jedoch aus. Zu welchem Ergebnis die Unterrichtung der Standortpfarrer über die Angelegenheit Pater Reinisch durch den Feldbischof führte, zeigte sich am 26. Mai 1942. An diesem Tag besuchte zum ersten Mal der zuständige Kriegspfarrer Pater F. Reinisch und verweigerte ihm die hl. Kommunion, "um ihm dadurch den Ungehorsam gegen seine Obrigkeit und die Pflicht der Eidesleistung zum Ausdruck zu bringen"[93]. Pater F. Reinisch sagte später zu Pfarrer Kreutzberg: "Das war mir furchtbar: Wie dieser Priester das Allerheiligste bei sich hatte und es mir verweigerte."[94] Obwohl der Kriegspfarrer sagte, daß er nur bei seinem ersten Besuch, also einmalig, die Kommunion verweigern wollte, empfing Pater F. Reinisch diese seit der Nacht vom 7. auf den 8. Mai erst wieder am 25. Juni durch Pfarrer Kreutzberg. Das ist auch das Datum der ersten Begegnung zwischen Pfarrer Kreutzberg und Pater F. Reinisch. Letzterer war "überglücklich", als ihm Pfarrer Kreutzberg berichtete, daß er die Pallottiner kenne und zur Schönstattbewegung gehöre. Noch mehr freute er sich darüber, daß Pfarrer Kreutzberg ihm die hl. Kommunion spendete und das Allerheiligste in seiner Zelle ließ, damit er jeden Tag kommunizieren konnte. Daß dieser Besuch Pfarrer Kreutzbergs ein wichtiger Einschnitt in der Gefängniszeit Pater Reinischs war, geht aus einem Gespräch zwischen beiden hervor. So sagte Pater F. Reinisch am 3. Juli zu Pfarrer Kreutzberg: "... die Zeit vorher war schrecklich. Dieses innere Ringen mit Gott, ob ich auf dem richtigen Wege bin. Das kann ich Ihnen gar nicht schildern. Seitdem Sie nun hier sind, sehe ich ganz klar. Sie sind mein Schutzengel ... Es waren wirklich

Ölbergstunden, die ich durchgemacht, diese Einsamkeit und Verlassenheit, besonders auf die Eucharistie verzichten zu müssen. Daß der Heiland zu mir kommt, möchte ich als Beweis ansehen, daß alles so sein muß."[95] In Pfarrer Kreutzberg hatte Pater F. Reinisch nun endlich einen Menschen gefunden, mit dem er auf gleicher Grundlage über seine Situation reden konnte. Diesem fiel dadurch aber auch eine große Verantwortung zu. Um dieser Verantwortung gerecht werden zu können, bat er bei seinem ersten Besuch Pater Reinisch mit den Worten: "Sehen Sie, es ist auch für mich eine große Verantwortung, Sie entsprechend zu führen, und daher muß ich über Ihr Vorhaben volle Klarheit haben"[96], um die schriftliche Darlegung seiner Gründe für die Eidverweigerung. Mit dieser Bitte war Pater F. Reinisch sofort einverstanden. Bei der zweiten Bitte Pfarrer Kreutzbergs, in der er ihn aufforderte, auch alles das aufzuschreiben, was er in diesen Tagen und Wochen "denke, erstrebe und empfinde", zögerte er. Erst auf den Hinweis, daß er dadurch unter Umständen noch viel Gutes wirken könnte, erklärte er sich dazu bereit. Noch am selben Tag begann Pater F. Reinisch mit seinen Aufzeichnungen, die am 9. August 1942 endeten.

1.5.3. Vor dem Kriegsgericht

Am 2. Juli erhielt Pater F. Reinisch die Nachricht, daß der Termin seiner Gerichtsverhandlung auf den 7. Juli um 10.45 Uhr festgesetzt worden war. Dank der von ihm seit dem 25. Juni 1942 angefertigten Aufzeichnungen wissen wir, wie er sich auf diese Kriegsgerichtsverhandlung vorbereitet hat. An der ersten Stelle seiner Vorbereitung stand das Gebet. Als besonders hilfreich empfand er die Anrufung des Hl. Geistes, den er gemäß 2 Timotheus 1,7 um den Geist der

Kraft, der Liebe und der Besonnenheit anflehte. Weiter half ihm sowohl vor als auch während der Hauptverhandlung die Verrichtung kleiner Stoßgebete, so daß er einige Tage nach der Verhandlung niederschreiben konnte: "Denn zu meiner größten Freude ... habe ich, solange ich allein auf der Zelle war, sehr viel mehr Angst vor Unbesonnenheit, Unklugheit, Schwäche und Versagen usw. gelitten, und sobald es galt, vor den Behörden hinzutreten und den Mann zu stehen, erfüllte mich eine überlegene innere Ruhe, Sicherheit und Geborgenheit im Herzen der MTA. 'MTA, tua res agitur'[97] wirkte in mir in diesen Stunden als Stoßgebetlein Wunder der Kraft, Liebe und Besonnenheit."[98] Aus diesem Zitat wird ein wichtiger Grundsatz deutlich, den Pater F. Reinisch sich zu befolgen vorgenommen hatte und der mehrmals in seinen Aufzeichnungen vorkommt. So betete er ständig: "Liebe MTA, laß mich vor den Menschen ein Held, vor Gott ein Kind sein!"[99] So wie Jesus im Ölgarten wie ein Kind vor seinem Vater geweint hatte, so gestand er sich auch Schwäche und Kindlichkeit in der Gefängniszelle und besonders auch vor Pfarrer Kreutzberg zu; genauso wie Jesus jedoch dann mutig und entschlossen vor sein Gericht trat, so wollte auch er vor das Kriegsgericht treten. Und schließlich bereitete er sich auf seine Hauptverhandlung auch in inhaltlicher Weise vor. Dabei ging es ihm nicht in erster Linie um die Formulierung seiner Argumente, sondern vielmehr um die prinzipielle Art der Vorbringung derselben. So wollte er "fest", "entschieden", "in allem aber priesterlich würdevoll und vornehm" nur das sagen, was "100-prozentig wahr" ist.[100] Grundsätzlich wollte er sich nicht auf Vermutungen oder Wahrscheinlichkeiten einlassen, so daß er lieber zurückhaltend und mehrfach wiederholend Stellung beziehen wollte.

So vorbereitet trat er am 7. Juli 1942 vor das Reichskriegsgericht in Berlin-Charlottenburg. In der Anklageverfügung vom 4. Juni 1942 heißt es nach der Darlegung aller Beweismittel: "Das Verhalten des Angeklagten stellt sich als ein fortgesetztes Verbrechen der Zersetzung der Wehrkraft im Sinne des § 5 Abs. I Nr. 3 KSSVO dar. Denn der Beschuldigte, der Reichsdeutscher im wehrpflichtigen Alter ist, ist durch die Einberufung zum Wehrdienst Soldat geworden und als solcher zum aktiven Wehrdienst verpflichtet. Das ist ihm auch bewußt. Daß seine Weigerung zum Wehrdienst auf religiöser bzw. politischer Überzeugung beruht, ist für seine Schuld strafrechtlich ohne Bedeutung (§ 48 MStGB)."[101] Dieser Ausschnitt zeigt nochmals ganz deutlich, daß Wehrdienstverweigerung im Dritten Reich generell nicht zulässig war. Es existierte für den nationalsozialistischen Staat kein Grund, der eine solche Weigerung hätte rechtfertigen können. Demzufolge war jede Argumentation von Pater F. Reinisch von vornherein zum Scheitern verurteilt. Allein die Weigerung zählte und stellte ein Verbrechen dar, welches mit dem Tode bestraft wurde.

Einen genauen Bericht über die Kriegsgerichtsverhandlung diktierte Pater F. Reinisch selbst am 10. Juli Pfarrer Kreutzberg, da ihm nach dem zu erwartenden Todesurteil Handfesseln angelegt worden waren, um einen Selbstmord zu verhindern. Dieser Bericht ist aufgrund seiner zentralen Bedeutung im Anhang dieses Buches vollständig wiedergegeben. Die entscheidenden Sätze, die Pater Reinisch in dieser Verhandlung vorbringen konnte, faßte er am 16. Juli selber folgendermaßen zusammen: "Von einer Regierung, die ich nicht anerkenne, lasse ich mir keine Befehle erteilen. – Das ist die Doppelzüngigkeit der jetzigen Regierung, auf der einen Seite macht sie durch die Gestapo die Priester unmöglich, und auf der anderen Seite sollen sie wieder ihren Mann stellen. Auf Grund der vorausgegangenen Ausführungen des Präsidenten erkläre ich: Nein, ich werde nicht den Treueid leisten!"[102] Unter den vorausgegangenen Ausführungen des Senatspräsidenten verstand Pater F. Reinisch Beschimpfungen seiner Person, der Kirche und die Hinderung, ihn eine Differenzierung in seiner Aussage vornehmen zu lassen. Viele Gedanken, die er vorher gehabt hatte und unbedingt anbringen wollte, konnte er so nicht mehr äußern. Im Nachhinein war er froh darüber, da er so nur aus religiösen Gründen, die er äußern konnte, verurteilt worden war. Als das Gericht sich nach seiner Vernehmung zur Urteilsentscheidung zurückzog, betete Pater F. Reinisch zur Gottesmutter: "Nimm mich als Liebesopfer an, wenn es Dir gefällt."[103] Nach kurzer Zeit kam das Gericht mit der Beschlußfassung des Todesurteils zurück. Die Reaktion Pater F. Reinischs auf das Todesurteil war Freude, er freute sich darüber, daß sein Vorhaben "geglückt" war.[104] So schreibt er: "Gerade hier, in dieser Stadt, darf ich zur Fackel der Liebe und des Friedens werden, die nun in die weite Welt hinausgeschleudert wird, um ein Flammenmeer der Herz-Jesu- und Herz-Mariae-Liebe zu entfachen. In dieser Stadt, von wo aus die Fackel des Hasses und des Völkerkrieges in die Welt hinausgeschleudert wurde."[105] Pater F. Reinisch sah also in dem durch seine Eidverweigerung freigewählten Tod ein Opfer der Liebe für die Welt angesichts der Verbrechen, des Hasses und der Gewalt, die vom nationalsozialistischen Deutschland ausgingen. Durch die Eidverweigerung hatte er sich bewußt gegen die nationalsozialistische Macht und für Christus entschieden, er war nicht schwach geworden in seiner Treue zum Glauben, und das war für ihn ein Grund der Freude. Auf dem Weg vom Reichskriegsgericht zurück zum Gefängnis saß neben Pater F. Reinisch ein Soldat, der weinte, da er zu vier Monaten Gefängnis verurteilt worden war. Pater F. Reinisch, der soeben zum Tode Verurteilte, tröstete ihn. In dieser Situation zu solch einem Verhalten fähig zu sein, zeugt von großer innerer Ruhe und gläubiger Gewißheit, die richtige Entscheidung getroffen zu haben.

Trotz der Urteilsverkündung hatte Pater F. Reinisch bis zur Vollstreckung des Todesurteils sein Schicksal selbst in der Hand. Er konnte immer noch Ja zur Eidesleistung sagen und wäre sofort frei gewesen. Aus diesem Grund gaben auch sein Oberer und seine Mitbrüder nicht auf, ihn doch noch zur Umstimmung zu bewegen. So traf am 8. Juli, einen Tag nach der Urteilsverkündung, der Provinzialobere in Berlin ein, um sich gemeinsam mit Pfarrer Kreutzberg, dem Generalvikar des Feldbischofs und einem Gerichtsoffizier zu beraten. Man einigte sich auf den Vorschlag, die Meinung Pater J. Kentenichs, der selbst inzwischen im Konzentrationslager Dachau war, einzuholen, da Pater F. Reinisch am ehesten auf ihn hören würde. Daß dieser Schritt tatsächlich ein Weg hätte sein können, um das Leben von Pater F. Reinisch zu retten, bestätigt dieser selbst in seinen Aufzeichnungen, wo er mehrmals vermerkte, daß einzig Pater J. Kentenich ihn noch von seinem Entschluß abbringen könnte. Obwohl der Kriegsgerichtsrat diesen Vorschlag ebenfalls begrüßte, stellte er schließlich keine Bescheinigung für Pfarrer Kreutzberg aus, damit dieser persönlich in Dachau mit Pater J. Kentenich sprechen konnte. Vermutlich hätte eine solche Aktion das Leben von Pater J. Kentenich in noch größere Gefahr gebracht. Damit war das Vorhaben gescheitert. Am 10. Juli unterrichtete Pfarrer Kreutzberg Pater F. Reinisch über diesen gescheiterten Plan, der ihn daraufhin bat, solche Versuche nicht mehr zu unternehmen. Gleichzeitig teilte Pfarrer Kreutzberg ihm mit, daß sein Provinzialoberer da sei und mit ihm zu sprechen wünsche. Pater F. Reinisch lehnte aber jede Besprechung ab, weil er sie für zwecklos erachtete. Pfarrer Kreutzberg unterrichtete davon den wartenden Oberen, der ihm daraufhin mehrere Punkte nannte, die er Pater F. Reinisch in seinem Auftrag zu bedenken geben sollte. Diese Punkte enthielten die Mitteilung, daß Pater Reinisch noch Mitglied der Pallottiner-Gesellschaft sei und verwiesen auf Bischof Rusch von Innsbruck und Pater

Hecht, die ihn zur Eidesleistung aufforderten. Ferner nahm der Obere in diesen Punkten Bezug auf die Erlaubtheit des Eides, da Hitler der Vertreter der gottgewollten Autorität sei und er, Pater F. Reinisch, ihm gegenüber eine Gehorsamspflicht zu erfüllen habe. Nachdem Pfarrer Kreutzberg Pater Reinisch diese Punkte mitgeteilt und dieser schlagfertig auf jedes Argument geantwortet hatte, war Pater F. Reinisch unter der Bedingung, daß nicht mehr über die Eidesleistung gesprochen würde, dazu bereit, mit seinem Oberen zu reden. Dieser war damit einverstanden. Trotzdem versuchte er, während des Gesprächs immer wieder diesen Punkt anzuschneiden, was ihm dann schließlich auch gelang. Nun konnte er Pater F. Reinisch endlich persönlich erklären, daß er ihm den Ausschluß aus der Gesellschaft nur hatte androhen, ihn aber nicht wirklich vollziehen wollte. Während dieser Erläuterungen brach Pater F. Reinisch in Tränen aus. Dann war das Gespräch schnell beendet. Pater Reinisch sagte erleichtert zu Pfarrer Kreutzberg: "So, das ist überstanden! Es ist besser gegangen, als ich gedacht habe. Ich bleibe bei meinem Entschluß, und nichts soll mich davon abbringen."[106] Später gestand er, daß für ihn die Schwierigkeiten, die ihm seine eigenen Mitbrüder machten, mehr zusetzten als die seitens der staatlichen Behörden.

Auch das Personal des Gefängnisses versuchte ihn mal mit Strenge dann mit Güte, zur Eidesleistung zu bewegen. Sie verstanden nicht, wie jemand sein Leben so wegwerfen konnte.

Als Personen, die Pater F. Reinisch nicht in seiner Haltung angriffen, sind zum einen seine Eltern zu nennen, die sich bemühten, seine Entscheidung zu verstehen, sie dann akzeptierten und schließlich ihn in seinem Vorhaben unterstützten. Davon geben die Briefe und auch die Weigerung des Vaters gegenüber dem Oberen, seinen Sohn umzustimmen, deutlich Zeugnis. Im Anhang dieses Buches sind einige Ausschnitte aus den Briefen zwischen Pater F. Reinisch und seinen Eltern zusammengestellt. Auf der anderen Seite ist Pater J. Kentenich zu nennen, der Pater F. Reinisch die Freiheit in seiner Entscheidungssituation ließ und bestrebt war, ihm zur Klarheit zu verhelfen. Seine Hinweise waren für Pater Reinisch am wichtigsten. Und schließlich ist auch Pfarrer Kreutzberg zu nennen, der zwar auch bemüht war, das Leben von Pater F. Reinisch zu retten, dadurch daß er mit ihm immer wieder über seinen Entschluß redete und sich auch für ein Gespräch Pater Reinischs mit dem Oberen einsetzte. Im Gegensatz zu dem Oberen wollte er Pater Reinisch jedoch nicht zu einer Umstimmung zwingen, sondern er hatte Verständnis für seine Haltung und stellte die Achtung vor der freien und persönlichen Entscheidung Pater Reinischs über alles andere. Nur so konnte er auch zu einem wirklichen Ratgeber für Pater F. Reinisch werden, der einmal zu ihm sagte, daß er der Mensch sei, den er am meisten fürchten und gleichzeitig am meisten ersehnen würde. Am 23. Juli hörte Pater F. Reinisch zum letzten Mal durch einen vierseitigen Brief von seinem Oberen, in dem dieser schrieb: "Wir anerkennen Ihre hochgemute Seelenhaltung, in der Sie für das Letzte bereit sind. Doch können wir nicht umhin, Ihren Schritt zwar als einen großen Schritt zu betrachten, aber als einen solchen außerhalb des Willens Gottes. Verzeihen Sie mir diese offene Sprache. Ich weiß, Sie wollen ja gerade den Willen Gottes erfüllen und sich dafür zum Opfer bringen ..." und nach einigen Ausführungen über die Grundhaltung der Liebe und des Gehorsams schloß er mit dem Satz: "Hochwürdiger, lieber Mitbruder! Ich hielt es für meine Pflicht, Ihnen diese Gesichtspunkte und Hinweise auf unsere letzten Grundhaltungen zu geben, um zu verhüten, daß Sie unerleuchtet Ihr Leben opfern."[107]

Am gleichen Tag, dem 23. Juli, erhielt Pater F. Reinisch auch die Begründung zu seinem Todesurteil. Er selbst gab diese am 25. Juli mit eigenen Worten wieder. Danach wurde er wegen Wehrdienstverweigerung und Zersetzung der Wehrkraft verurteilt. Seine Wehrdienstverweigerung wurde als Untreue gegenüber dem deutschen Volk "in seinem Daseinskampfe" gewertet; und da dieses Verhalten zusätzlich eine "gefährliche Werbekraft" enthalte, habe er sich auch des Tatbestandes der Zersetzung der Wehrkraft schuldig gemacht.[108] Unter dem "Daseinskampfe" des Volkes muß der Krieg zur Eroberung neuen Lebensraumes verstanden werden, der vor allem als Kampf gegen den Bolschewismus propagiert wurde. Pater F. Reinisch wußte, daß der Zeitpunkt "seines Kampfes" gegen den Nationalsozialismus äußerst ungünstig gewählt war, da einerseits die deutschen Truppen im Jahre 1942 besonders siegreich kämpften und andererseits der Kampf gegen den Bolschewismus ein auch von der katholischen Kirche unterstützter Kampf war, wenngleich auch nicht unbedingt die Art der Waffen von der Kirche gebilligt wurden, mit denen dieser Kampf dann tatsächlich ausgefochten wurde. So wiesen die deutschen Bischöfe zum Beispiel in ihrem Hirtenbrief vom 24. Dezember 1936 auf den Bolschewismus als die große Gefahr der Gegenwart und Zukunft hin, die sie durch die "Waffen" des Gebetes, des Glaubens, des Wortes und des Sühneeifers bekämpfen wollten. Daß Pater F. Reinisch sich dem Kampfe gegen den Bolschewismus entziehen würde, war ihm schon während der Kriegsgerichtsverhandlung durch Vertreter des nationalsozialistischen Staates vorgeworfen worden. In diesem Punkt hatte man nicht ganz unrecht, denn Pater F. Reinisch hatte sich bewußt für einen anderen Kampf entschieden; ihm ging es um eine grundsätzliche Auseinandersetzung mit dem Nationalsozialismus, was keineswegs heißen soll, daß er für den Bolschewismus war. Er ließ sich jedoch nicht, wie so viele, durch die militärischen

Erfolge Deutschlands blenden. Nach wie vor saß für ihn der eigentliche Feind im Inland. Hier führten die Nationalsozialisten den Kampf gegen die Grundsätze des Glaubens und gegen Moral- und Sittengesetze weiter fort. In klarer Erkenntnis dieser Situation verfaßte Pater F. Reinisch auch seine Schlußerklärung zum Todesurteil, die 1942 noch jedem zum Tode Verurteilten nach etwa 10 Tagen gewährt wurde. Hier betonte er ganz deutlich, daß es ihm um die Erhaltung des christlichen Glaubens ginge, dieser aber vornehmlich in der Kriegszeit weiter zu zerstören versucht würde. Aus diesem Grund könnte er nicht gegen einen Bolschewismus des Auslandes kämpfen, wenn gleichzeitig im Inland für den Bolschewismus gekämpft würde. Indem er den Treueid verweigere, könne er mehr dem deutschen Volk in seinem "Daseinskampfe" die Treue halten als umgekehrt.[109] Pater F. Reinisch bezeichnete den Nationalsozialismus ebenso als Bolschewismus oder auch als "Nationalbolschewismus" wie den Kommunismus, da beide den christlichen Glauben zu zerstören suchten. Und dadurch, daß er den Begriff "Daseinskampf" aus der Urteilsbegründung in seiner Schlußerklärung wieder aufgriff, zeigte er, daß seiner Meinung nach der Daseinskampf des deutschen Volkes im Inland und nicht im Ausland stattfinde, und es in diesem Kampf um christliche Werte gehe und nicht um neuen Lebensraum. Da aber die christlichen Werte das deutsche Volk zu dem erst machten, was es ist, bedrohe die Zerstörung dieser Werte das wirkliche Dasein des deutschen Volkes. Auch diese Schlußerklärung Pater F. Reinischs ist im Anhang dieses Buches vollständig wiedergegeben.

Mit der Unterzeichnung des Todesurteils durch das Gericht am 30. Juli 1942 wurde dieses bestätigt und damit rechtskräftig. Ab diesem Zeitpunkt mußte ständig mit der Vollstreckung des Urteils gerechnet werden.

1.5.4. Die letzten Tage bis zur Vollstreckung des Todesurteils

Obwohl Pater F. Reinisch im tiefsten Inneren von seiner Entscheidung überzeugt war und diese keineswegs bereute, befielen ihn seit Ende Juli immer wieder Todesängste. So schrieb er: "Todesangst! Sie setzt nun in der Endphase meines Ringens ein. Sie ist einfach da, ob ich will oder nicht. Bald mit stärkerer, bald geringerer Heftigkeit. Sie ist ein seelisches Feuer, ein Sich-Winden und Drehen, Beklommenheit, Enge, ein Zusammengepreßtsein im Gehirn wie im Herzen (physiologisch)."[110] Diese Todesangst befiel ihn besonders in den Morgenstunden, und wenn seine Zellentür zu ungewohnter Zeit plötzlich aufgeschlossen wurde. Neben dem Gebet, Betrachtungen, Lesungen und einem Auf- und Abgehen half ihm zur Überwindung dieser Todesängste besonders das Niederschreiben einer größeren Meditationsreihe unter dem Thema "Das Geheimnis der gekreuzigten Liebe". Am 1. und am 7. August übergab er diese Abhandlung in zwei Teilen Pfarrer Kreutzberg. Er selber bezeichnete sie als "Gesamtschau des ganzen Kreuzweges" und als Wegweisung zur Ganzhingabe (Inscriptio).[111] Pater K. Brantzen, der Herausgeber der gesamten Aufzeichnungen Pater F. Reinischs, sieht in diesen Meditationen den "Abschluß und Höhepunkt im seelischen Aufstieg" Pater Reinischs. Hier drückt er seine eigene Passionsgeschichte gemäß Galater 2,19 aus: "Ich bin mit Christus gekreuzigt worden, so lebe nun nicht mehr ich, sondern Christus lebt in mir."[112]

Am 1. August schaltete sich der Feldbischof F.J. Rarkowski über Pfarrer Kreutzberg zum letzten Mal in die Angelegenheit Pater Reinisch ein. Pfarrer Kreutzberg sollte Pater F. Reinisch ausrichten, daß er, der Bischof, ihn "fußfällig und kniefällig"[113] um die Eidesleistung bitte. Diese Bitte machte jedoch auf Pater F. Reinisch keinerlei Eindruck. Wesentlich mehr interessierte ihn, daß Pfarrer Kreutzberg an diesem Tag aus seiner Verantwortung gegenüber Pater Reinisch nach Schönstatt fahren wollte, um dort durch Gespräche mit anderen Mitbrüdern größere Klarheit für sich und Pater Reinisch in der Frage der Eidesleistung zu gewinnen. In Schönstatt traf er dann jedoch kaum jemanden an, mit dem er über diese Angelegenheit hätte sprechen können. So mußte er auf sich selbst gestellt um Klarheit ringen. Pater F. Reinisch war erleichtert, als Pfarrer Kreutzberg zurückkam und als Ergebnis formulierte, daß er ganz nach seiner Gewissensüberzeugung handeln solle.

Am 11. August wurde Pater F. Reinisch in das 70 km westlich von Berlin liegende Zuchthaus Brandenburg/Havel verlegt. Er mußte Abschied nehmen von Pfarrer Kreutzberg, zu dem er ein tiefes Vertrauensverhältnis entwickelt hatte. Auf die Frage, ob Pfarrer Kreutzberg noch einen Wunsch habe, da er bald sterben werde, nannte dieser einige Anliegen. Daraufhin versprach Pater F. Reinisch ihm, daß er auch nach seinem Tode darum bei Gott bitten werde. Vor allem wollte er darum bitten, daß Pfarrer Kreutzberg nicht ins Gefängnis komme. An dieser Stelle sei nochmals erwähnt, daß es für einen Gefängnisseelsorger strengstens verboten war, irgendwelche Dinge in die Zellen hineinzubringen oder andere Dinge, wie in diesem Fall zum Beispiel Briefe und Aufzeichnungen, mit hinauszunehmen. Pfarrer Kreutzberg brachte sich durch die Mißachtung dieser Vorschriften täglich in die Gefahr, selbst ins Gefängnis zu kommen. Nachdem Pater F. Reinisch nun Pfarrer Kreutzberg noch einen kurzen Brief an seine Eltern diktiert hatte, wurde er aus seiner Zelle geholt. Pfarrer Kreutzberg entließ ihn mit den Worten: "Viel Mut und Gottvertrauen! Wir bleiben beieinander – im Gebete."[114]

Um über die letzten Tage Pater F. Reinischs etwas zu erfahren, setzte sich Pfarrer Kreutzberg am 22. August mit dem Pfarrer A. Jochmann in Verbindung, der die seelsorgerlische Betreuung im Falle Pater Reinischs übernommen hatte. Insgesamt hatte Pfarrer Jochmann Pater Reinisch viermal besuchen können. Er selber war der Meinung, daß die Entscheidung Pater F. Reinischs auf einem irrigen Gewissen beruhe, jedoch wollte er nicht mehr versuchen, ihn umzustimmen. Er vertraute darauf, daß Pater F. Reinisch sich seinen Entschluß gründlich überlegt hatte und das gegen viele Angriffe von allen Seiten. Und schließlich war er der Überzeugung, daß es nichts Größeres gebe, als bis zum Tode seinem Gewissen die Treue zu halten, auch wenn andere es für irrig betrachteten.

Im Gegensatz zu dieser respektvollen Haltung von Pfarrer Jochmann, reagierte das Personal des Gefängnisses anders. Die einen beschimpften Pater F. Reinisch auf gröbste Art; die anderen hatten Mitleid und verwandten sich für ihn beim Zuchthauspfarrer Scholz, der am ersten Tag des Aufenthaltes von Pater Reinisch noch anwesend war, jedoch dann seinen Jahresurlaub antrat und Pfarrer Jochmann die Vertretung übergab. Der einzige, der tatsächlich an der Situation noch etwas hätte ändern können, war Pater F. Reinisch selbst. Daß diese Möglichkeit auch jetzt noch bestand, wird an der Äußerung des Staatsanwaltes am Vorabend der Hinrichtung, dem 20. August, deutlich: "Reinisch, Sie gehen also in den Tod *Ihrem Wunsche entsprechend.*"[115] Dieses sagte er, nachdem er um 20 Uhr die Vollstreckungsverkündung verlesen hatte. Danach bekam jeder der zum Tode Verurteilten – insgesamt wurden in dieser Nacht sieben Todesurteile vollstreckt – noch etwas zu essen und die Möglichkeit, zwei Briefe zu schreiben. Pater F. Reinisch schrieb an seine Eltern und Geschwister einen Abschiedsbrief, der deutlich das widerspiegelt, was er in dieser letzten Nacht empfand. So schrieb er unter anderem: "Liebe Eltern und Geschwister! Nachdem die Zeit der Vollstreckung mir mitgeteilt wurde, habe ich noch eine Nacht Zeit zur Vorbereitung auf den Entscheidungsaugenblick, der die Ewigkeit einleitet ... Noch sechs Stunden trennen mich davon. Wie sehne ich mich danach, das Wort des Heilandes selbst zu erleben: 'Selig die Augen, welche sehen, was ihr seht (Luk. 10,23).' Ich liebe Dich. Du weißt alles. Du weißt auch, daß ich Dich liebe! Guter Hirt, führe mich auf gute Weide! ... Liebe Eltern! So scheide ich von Euch nur körperlich und will darum nochmals von ganz aufrichtigem Herzen dafür danken, was Ihr mir gewesen seid als die größten Wohltäter auf Erden. Ich bin Euch nahe und bleibe Euch nahe! Denn der Himmel und die Erde sind nicht weit voneinander entfernt! Wir haben ja den Himmel auf Erden, wenn wir in Gott, im Gnadenstand leben. Darum freut Euch, wenn Ihr diesen Brief in den Händen haltet. Dann wisset: ich bin ewig glücklich! ... Liebe Eltern, betet ein Magnificat, wenn Ihr an dieser Stelle angekommen seid. Gott ist unendlich gut ... Grüßt mir alle, denen ein Gruß von mir noch Freude macht. Es segnet Euch Euer dankbarer und ewig froher Franz."[116] Nach diesem Brief an seine Eltern schrieb Pater F. Reinisch seinen letzten Brief, der an seinen Oberen Pater J. Frank gerichtet war. Kurz legte er in diesem noch einmal dar, warum er an seinem Entschluß festgehalten hatte. So schrieb er: "Die Liebe Christi drängt mich, alles zur unendlichen Ehre Gottes zu tun, zur Vernichtung der Sünde und zur Rettung der Seelen und dafür auch den Tod zu erleiden."[117] Dieser letzte Brief von Pater F. Reinisch ist im Anhang dieses Buches vollständig wiedergegeben.

Pfarrer A. Jochmann, der fast die ganze Nacht bei Pater F. Reinisch verbrachte, betont in seinem Bericht, wie sehr Pater Reinisch in dieser Nacht Freude über seinen baldigen Tod empfunden hat, und von "welch selten kindlich-tiefer

Gläubigkeit" er erfüllt war.[118] Nach Mitternacht beichtete und kommunizierte Pater F. Reinisch zum letzten Mal. Gegen drei Uhr mußten die zum Tode Verurteilten ihre letzten Sachen abgeben. Ungefähr eine halbe Stunde später mußten sie ihre Schuhe und Strümpfe ausziehen und erhielten Sandalen; die Jacke wurde ihnen nur übergeworfen und die Hände auf dem Rücken gefesselt. Dann wurden sie zum Hinrichtungsraum geführt. Um 5.03 Uhr, am 21. August 1942, wurde das Todesurteil durch Enthauptung an Pater F. Reinisch vollstreckt. In den letzten Minuten soll er nach dem Bericht Pfarrer Jochmanns nichts mehr gesagt und eine sehr ruhige Haltung gezeigt haben.

II. Teil

Warum verweigerte Pater F. Reinisch den Soldateneid auf A. Hitler und damit den Militärdienst unter der nationalsozialistischen Fahne?

2.1. Natürliche und übernatürliche Gründe seines Handelns

Wie konnte ein katholischer Priester es wagen, sich öffentlich durch Eid- und Wehrdienstverweigerung gegen die Meinung seiner durch Ordenseintritt frei gewählten kirchlichen Oberen, ja selbst gegen seine Bischöfe und deren kirchliche Verlautbarungen, die zur treuen Pflichterfüllung aufriefen, zu stellen? Hatte der Senatspräsident nicht recht, wenn er in der Kriegsgerichtsverhandlung Pater F. Reinisch vorwarf, daß er durch sein Handeln seinen eigenen Stand kompromittiere, da zehntausende seiner Mitbrüder den Treueid geleistet hätten? Pater F. Reinisch war sich dieser Problematik genau bewußt, hatten doch seine Oberen, zwei Bischöfe (Rusch und Rarkowski), seine Mitbrüder und viele andere Katholiken nichts unversucht gelassen, ihm das Außergewöhnliche und Unvernünftige seiner Tat und nicht zuletzt seinen Ungehorsam gegenüber dem Staat, seinen kirchlichen Oberen und Bischöfen vor Augen zu halten. Trotz dieser unzähligen Angriffe blieb Pater F. Reinisch bei seinem Entschluß, und nicht nur das, er hat auch mit seinem Leben dafür bezahlt. Das Durchtragen seines Entschlusses ist ihm dennoch nicht leicht gefallen. So hatte er zum Beispiel mit der schweren Versuchung zu kämpfen, seinem Leben vorzeitig ein Ende zu bereiten, indem er sich auf einen Unteroffizier stürzen wollte, "um so gleich eine Kugel zu bekommen und von allem erlöst zu sein"[119]. Auf der anderen Seite zeigt seine Tagebuchaufzeichnung vom 1. März 1941, wie verlockend für ihn ein Weiterleben war. So schrieb er: "Wohl weiß ich, daß es doch ein großer Unterschied ist, frei oder gezwungen zu sterben. Der Gedanke, noch weiterleben zu können, wenn ich mich anders entschlösse, ist sehr verlockend, allein wegen des Selbsterhaltungstriebes."[120] Am meisten Schwierigkeiten bereitete ihm jedoch sein schon mehrfach beschriebener radikaler Charakterzug. Er wußte, daß in diesem Zug sowohl seine Stärke als auch seine Schwäche lag. Die Stärke bestand darin, daß er Ideale klar erkannte und auch radikal verwirklichen wollte. Seine Schwäche zeigte sich dann, wenn er die Unerreichbarkeit dieser Ideale erkannte und daraufhin allen Mut verlor und sein Streben aufgab. Im Bewußtsein dieser Schwäche fürchtete er eine lange Gefängniszeit. Er hoffte in Bad Kissingen und dann wieder in Berlin, daß innerhalb von 14 Tagen alles vorbei sein würde. Und doch bewältigte er auch diese über vier Monate dauernde Zeit, so daß er schreiben konnte: "Das ständige Warten, wochen- und monatelange Hinschauen auf die Gewißheit: Der Tod ist von mir frei gewählt und frei gewollt, ist ein außergewöhnliches Gnadengeschenk. Natürlich gesehen hätte ich es nie ausgehalten."[121] Angesichts der äußeren Schwierigkeiten, d.h. der ständigen Verunsicherungsversuche von allen Seiten, und der inneren, d.h. der persönlichen Schwächen und Versuchungen Pater Reinischs, stellt sich die Frage, welche Gründe und Motive ihm so wichtig waren, daß er mit aller Kraft gegen diese Schwierigkeiten ankämpfen und schließlich sein Leben, welches er liebte, dafür freiwillig aufopfern konnte. Welchen Sinn sah er in diesem Vorhaben? Was wollte er dadurch erreichen? Und schließlich: was gab ihm die Kraft dazu, alle menschlichen Grenzsituationen zu meistern? In dem obigen Zitat steht ein Schlüssel zu diesen Fragen, es heißt dort: "... Natürlich gesehen hätte ich es nie ausgehalten." Und es lassen sich noch deutlichere Hinweise in seinen Aufzeichnungen finden, zum Beispiel wenn er schreibt: "Ich stehe vor aller Welt mit meinem Lebensopfer ganz verlassen da. Natürlich gesehn ist (es) doch ein Schlag ins Wasser. Wenn ich trotzdem an diesem Gedanken festhalten würde, so müßte man mich zum abnormalen Menschen stempeln!"[122] Auch Pfarrer Kreutzberg urteilt im gleichen Sinne, wenn er schreibt: "Rein natürlich gesehen ist sein Sterben eine ungeheure Tragik. Im Lichte des Glaubens eine Opfersaat von außergewöhnlicher Fruchtbarkeit, ein Fanal für die Zukunft."[123] Aus diesen Zitaten wird ganz deutlich, daß die Gründe seines Handelns nicht natürlicher Art waren. Was verstand Pater F. Reinisch jedoch unter dem Begriff "natürlich"? Einerseits gibt das obige Zitat von Pfarrer Kreutzberg Antwort darauf, wenn er im Unterschied zum Begriff "natürlich" den Ausdruck "... Im Lichte des Glaubens ..." verwendet. Andererseits erläutert Pater Reinisch auch selbst diesen Begriff, indem er ähnlich wie Pfarrer Kreutzberg sein Gegenteil beschreibt. So formuliert er: "Ohne Einstellung auf Christus ist also das Lebensopfer sinnlos."[124] Aus diesen Hinweisen kann man schließen, daß Pater F. Reinisch unter "natürlichen" Gründen rein rationale bzw. vom Glauben oder der Religion losgelöste Gründe verstand, die für seinen Entschluß aber letztlich keine Bedeutung hatten. Die Gründe, für die er bereit war, sein Leben zu opfern, können in Anlehnung an seinen Begriff "natürlich" als übernatürliche bzw. auch religiöse Gründe bezeichnet werden. Jedoch eine "Teilausnahme" machte Pater F. Reinisch. Er sprach von einem politischen Grund, der in seiner Verbundenheit mit seiner Heimat Österreich begründet lag und der für ihn selbst im Gegensatz zu seinen sonst rein religiösen bzw. kirchlichen Gründen stand. So argumentierte er auch häufig in der Zweieinheit: "Ich kann als Christ und Österreicher ..." oder: "Denken Sie, was dieser Mann unserer Kirche und was er Österreich angetan hat."[125] Teilweise spricht er auch von seiner "österreichisch-schönstättischen Aufgabe"[126]. Dieser politische Grund hatte für ihn nicht die gleiche Relevanz wie die religiösen Gründe, er hatte für ihn sogar einen "üblen Beigeschmack"[127] nach politischem Katholizismus. Aus heutiger Sicht scheint diese Sorge vor einem politischen Beigeschmack nicht berechtigt zu sein, da Stellungnahmen der katholischen Kirche zu politischen Problemen in einem gewissen Rahmen üblich geworden sind und immer mehr erkannt wird, daß jedes Handeln der Kirche, ob es Schweigen oder Reden ist, letztlich doch eine politische Bedeutung hat. Jedoch wäre es falsch, aktuelle theologische Positionen aus der heutigen Zeit zur Bewertung von bestimmtem Verhalten in der Vergangenheit heranzuziehen. Zum einen sind diese heutigen Erkenntnisse damals noch gar nicht präsent bzw. erst in Ansätzen erkennbar gewesen, und zum anderen müssen die historischen Zeitverhältnisse beachtet werden, in deren Rahmen die obige Aussage Pater F. Reinischs betrachtet werden muß. An anderer Stelle ist schon ausführlich darauf hingewiesen worden, daß es zu einer besonderen Taktik der Nationalsozialisten gegenüber den Kirchen gehörte, ihnen politische Betätigung vorzuwerfen, um sie so aus allen gesellschaftlichen Gebieten herauszudrängen. In welchem Ausmaß diese Taktik angewandt worden ist, wird deutlich, wenn man sich die unzähligen Verteidigungsversuche der katholischen Kirche in den Hirtenbriefen dieser Zeit vor Augen hält. In diesem Zusammenhang wird verständlich, warum Pater F. Reinisch schließlich froh darüber gewesen war, daß er keinen politischen Grund in der Hauptverhandlung hatte anbringen können und letztlich nur aus rein kirchlichen und religiösen Gründen zum Tode verurteilt worden war. In seinen Aufzeichnungen ging er dennoch öfters auf seinen politischen Grund ein. Er als Österreicher lehnte einen Treueid auf Hitler und einen Dienst in seiner Armee ab, da dieser seine Heimat durch "einen Akt der Gewalt und nicht des Rechts"[128] besetzt hatte. Für ihn wäre es ein Akt der Untreue gegenüber seiner Heimat Österreich gewesen, nun dem Gehorsam zu geloben, der ihr Gewalt angetan hatte. Aufgrund seines mutigen Eintretens für Österreich wurde Pater F. Reinisch 1978 posthum das Ehrenzeichen für Verdienste um die Befreiung Österreichs verliehen. Im Anhang dieses Buches ist diese Urkunde abgedruckt. Der Vollständigkeit halber muß an dieser Stelle jedoch hinzugefügt werden, daß Pater F. Reinisch nicht prinzipiell gegen eine Vereinigung von Deutschland und Österreich eingestellt war, vielmehr unterschied er eindeutig zwischen dem "Faktum der Annexion und der Regierung"[129]. Der eigentliche Grund für seine Ablehnung der Annexion bestand in der Nicht-Anerkennung der nationalsozialistischen Regierung, die nun auch in Österreich die Grundlagen des christlichen Glaubens durch die nationalsozialistische Weltanschauung zu ersetzen suchte. Gegen diese Bedrohung der christlichen Religion in seiner Heimat wehrte er sich als Österreicher und als katholischer Priester. Aufgrund dieser Sorge um seine Heimat ist der politische Grund Pater F. Reinischs oben als "Teilausnahme" bezeichnet worden, d.h. er ist nur teilweise der Kategorie natürliche bzw. rationale Gründe zuzuordnen, denn letztlich handelt es sich hier ebenfalls um einen religiös motivierten Grund.

Wie kann nun die Fülle der übernatürlichen Gründe, die im folgenden nur noch als religiöse bzw. religiös motivierte Gründe bezeichnet werden sollen, am besten erfaßt werden? Beim näheren Hinschauen wird erkennbar, daß es sich hier um zwei unterschiedliche Ebenen handelt: auf der einen Seite lassen sich moralische bzw. moraltheologische Gründe zusammenfassen, die Pater F. Reinisch zu seiner Haltung führten, daß es ein Unrecht ist, in dieser oder jener Weise zu handeln, und die ihn auch hauptsächlich in Konflikt mit seiner Umwelt brachten; auf der anderen Seite geht es um ganz persönliche oder private religiöse Gründe, die nur ihn ganz alleine betrafen. Die moraltheologischen Gründe können in ihrem historischen Kontext diskutiert und bewertet werden, da zu ihrer Beurteilung moraltheologische Weisungen und Lehren der damaligen Zeit vorliegen. Dagegen ist eine allgemeine Beurteilung oder Diskussion der persönlichen religiösen Gründe nicht zulässig. Vielmehr muß jedem einzelnen die Entscheidung überlassen werden, wie er diese Gründe beurteilt, ob er sie anerkennt oder schließlich verwirft. Die Gruppe der moralischen bzw. moraltheologischen Gründe, die im folgenden als erste untersucht werden soll, läßt sich unter drei Aspekten abhandeln: der erste konzentriert sich auf die Problematik des Eides, der zweite auf das Problem des Gehorsams gegenüber der staatlichen Obrigkeit, der durch den Eid versprochen wurde, und der dritte Punkt richtet sich schließlich auf das Problem der Kriegsdienstverweigerung, die Pater F. Reinisch durch seine Ablehnung des Treueides aussprach und die vor Gericht sein Hauptvergehen darstellte. Die Punkte eins und zwei werden gemeinsam im folgenden Abschnitt (2.2.1.) besprochen, da sie unmittelbar zusammengehören, der dritte Punkt wird gesondert in 2.2.2. aufgegriffen werden.

2.2. Franz Reinisch in Auseinandersetzung mit seiner Zeit

2.2.1. "Gebt dem Kaiser, was des Kaisers ist!" (Mk 12,17) – Das Problem des Hitlereides und des Gehorsams gegenüber der staatlichen Autorität

In diesem Teil wird der Frage nachgegangen, ob der Soldateneid auf A. Hitler in der damaligen Zeit von den Katholiken im allgemeinen und von den kirchlich führenden Persönlichkeiten im besonderen als Problem erkannt, und ob darauf reagiert worden ist. In einem zweiten Schritt werden dann die Aussagen, die Pater F. Reinisch in seinen Aufzeichnungen oder in Gesprächen zum Eid gemacht hat, näher untersucht und mit der offiziellen kirchlichen Haltung, die ihm besonders durch den Mund seines Oberen, aber auch durch andere Katholiken immer wieder zugetragen wurde, verglichen. Zur Erinnerung sei an dieser Stelle noch einmal die besondere Problematik des Hitler-Eides kurz genannt. Die beiden entscheidenden Änderungen, die Hitler an der seit dem 2. August 1934 geltenden Eidesformel vorgenommen hatte, waren die darin ausgedrückte Verpflichtung allein auf seine Person und nicht mehr, wie zuvor, auf Volk und Vaterland und die Forderung auf "unbedingten" Gehorsam gegenüber seiner Person.

Die Frage, inwieweit diese Problematik unter den damaligen Katholiken erkannt worden ist, läßt sich nur durch Vermutungen beantworten. Sicherlich kann man nicht aus der Tatsache, daß mit ganz wenigen Ausnahmen alle zum Militärdienst Einberufenen den Hitlereid geleistet haben, schließen, daß deshalb auch gleichzeitig die Problematik des Eides nicht erkannt worden wäre. Diese Art der Schlußfolgerung trifft deshalb nicht zu, da schließlich nicht jeder dazu bereit war, die tödliche Konsequenz einer Eidverweigerung auf sich zu nehmen. Trotzdem liegt jedoch die Vermutung nahe, daß sich kaum jemand dieser Problematik bewußt gewesen ist, so wie der ehemalige Generalstabsoffizier R.-Chr. von Gersdorff in seinen Erinnerungen darauf hinweist (s.o.), daß die meisten Soldaten erst sehr spät bzw. zu spät bemerkt hätten, was es mit dem neuen Eid auf sich hatte und zu welchen verbrecherischen Taten er sie verpflichtete. Und noch eine Reihe von weiteren Hinweisen kann genannt werden, um die Behauptung vom mangelnden Problembewußtsein bezüglich des Eides zu stützen. So berichtet zum Beispiel Josef Stemmrich, ein Zeitzeuge des Nationalsozialismus, der aktiv in der Sturmschar des katholischen Jungmännerverbandes tätig gewesen war: "Wir wußten, wenn es zum Kriege komme, werde es ein deutscher Unrechtskrieg sein. Trotzdem haben wir alle den Fahneneid geleistet, trotzdem sind wir in diesen Unrechtskrieg gezogen. Und die amtliche Kirche, die ja schon versäumt hatte, zureichende theologische und pastorale Konsequenzen aus dem Ersten Weltkrieg zu ziehen, ermahnte uns, unsere Pflicht als Soldaten zu erfüllen ... Nein, klar und konsequent waren unsere Gruppen und Kreise nicht ... Objektiv gefordert war Widerstand, ... allenfalls Martyrium statt Gehorsam gegen die Obrigkeit, deren verbrecherischer Charakter manifest hätte sein können für alle, die sehen wollten."[130]

In ähnlicher Weise zeugt auch das Verhalten der vielen Katholiken im Umkreis von Pater F. Reinisch von diesem mangelnden Problembewußtsein. So riet ihm nicht nur der einfache Katholik zum Schwur, sondern auch seine Mitbrüder, Oberen und selbst Bischöfe konnten seine Haltung nicht wirklich nachvollziehen.

Weiter wird diese Behauptung des mangelnden Problembewußtseins durch Untersuchungen mehrerer Autoren gestützt, wie zum Beispiel durch L. Lehmhöfer[131] oder H. Niederschlag[132]. H. Niederschlag verweist in seinen ansonsten bestätigenden Ausführungen auf eine Gruppe, die seiner Meinung nach die Eidesproblematik durchaus gesehen und den Fahneneid auf die Person Hitlers innerlich abgelehnt hätte. Gemeint ist die Gruppe der damaligen katholischen Priester. Diese Gruppe habe aber die Eidesleistung in Kauf genommen, "um sich so die Möglichkeit offen zu halten, den Soldaten an der Front und später in der Gefangenschaft beizustehen"[133]. L. Lehmhöfer berichtet dagegen von einem besonders extremen Negativ-Beispiel, welches sicherlich nicht auf die Mehrheit der katholischen Geistlichen übertragen werden darf. Jedoch genauso wie es einen Pater F. Reinisch gab, so gab es auch zumindest einen katholischen Geistlichen, der bei der ersten öffentlichen Vereidigung von Rekruten seit der Wiedereinführung der Wehrpflicht auf dem Mannheimer Schloßhof den neuen Soldaten zurief: "Du wirst und kannst diesen Schwur dem Führer mit Vertrauen schwören. Der Führer weiß aus eigenster Erfahrung, was Krieg ist und heißt; er wird nicht spielen mit Deinem Leben, das ihm verschworen ist. Du wirst und kannst diesen Schwur mit Freuden leisten, weil Du des Führers Parole kennst: Gegen den teuflischen Bolschewismus! Für unser liebes Vaterland, sein Recht, seinen Ruhm und seine Ehre."[134] Solch eine Äußerung eines Geistlichen verhinderte geradezu ein Aufkommen jeglichen Problembewußtseins. Sie gibt Anlaß zu der Frage, ob von den Bischöfen, auf deren Weisungen die Masse der Geistlichen mehr oder weniger handelte, die Problematik des Treueides in ihrer Tragweite erkannt worden ist; wenn ja, welche pastoralen Konsequenzen sind daraus gezogen worden? Eine erste Antwort auf diese Frage läßt sich in dem obigen Zitat J. Stemmrichs entdecken, der davon spricht, daß die amtliche Kirche es versäumt habe, angemessene theologische und pastorale Konsequenzen aus dem Ersten Weltkrieg zu ziehen und stattdessen die Menschen zur treuen Pflichterfüllung aufgerufen habe. Treue Pflichterfüllung konnte man jedoch nur um den Preis der Eidesleistung erbringen. Nach dieser Aussage haben die Bischöfe die Eidproblematik also nicht in ausreichendem Maße erkannt.

Einen weiteren Hinweis zur Beantwortung dieser Frage gibt ein Mitbruder Pater F. Reinischs in dem oben beschriebenen Gespräch vom Sommer 1939 in Schönstatt. So verwies der Mitbruder darauf, daß die Bischöfe, die für diese Frage des Eides zuständig seien, nichts gegen den Eid geäußert hätten und man ihn deshalb schwören müsse.

Ebenfalls mit Verweis auf die offizielle Haltung der Kirche in dieser Frage versuchten der Kriegsgerichtsrat in Würzburg und der Obere von Pater F. Reinisch, ihn in seiner Entscheidung umzustimmen. Und schließlich merkte Pater F. Reinisch selbst in dem Gespräch mit dem Kriegsgerichtsrat in Würzburg an, daß er wisse, "daß seine Haltung nicht der offiziellen kirchlichen Stellung entspräche"[135]. Aus diesen Hinweisen kann man bezüglich der pastoralen Weisungen des Episkopats hinsichtlich der Eidproblematik schließen, daß grundsätzlich eine eidesbejahende Haltung eingenommen wurde bzw. keine Aufforderung zur Ablehnung des Hitlereides erfolgt ist. Haben die Bischöfe die Problematik also tatsächlich nicht erkannt, oder haben sie trotz Erkenntnis an ihrer eidesbejahenden Haltung festgehalten, und wenn ja, warum? Zwei offizielle Stellungnahmen des deutschen Episkopats aus den Jahren 1934 und 1935 speziell zur Eidesproblematik können angeführt werden, die möglichenfalls Antwort auf diese Fragen geben können. Die erste Stellungnahme ist in dem gemeinsamen Hirtenbrief der Oberhirten der Diözesen Deutschlands vom 7. Juni 1934 zu finden, also zu einem Zeitpunkt, als es die neue Eidesformel für den Soldatenschwur noch gar nicht gab, aber offensichtlich schon über diese Problematik öffentlich diskutiert wurde. In diesem Hirtenbrief heißt es: "Ihr habt gehört und gelesen: Man könne einen Eid auf vorbehaltlose Gefolgschaft leisten. Wir, eure Bischöfe, sagen euch: Der Eid ist eine feierliche Anrufung Gottes, kann also niemals zu einer Leistung verpflichten, die einem Gebote Gottes widersprechen würde. Man kann durch den Eid, etwa durch den Beamten- oder Soldateneid, sich zu treuer Berufsarbeit, zum Gehorsam gegen die rechtmäßige Obrigkeit verpflichten. Wenn aber ein Befehl etwas fordern sollte, was den Geboten Gottes und dem Gewissen widerspricht, würde das gelten", was die Bischöfe schon 1919 gegenüber der Weimarer Verfassung erklärt haben, und zwar können Katholiken durch einen Eid zu nichts verpflichtet werden, "was einem göttlichen oder kirchlichen Gesetz und damit ihrem Gewissen widerstreitet"[136]. Diese Stellungnahme bezieht sich zwar nicht auf den speziellen Hitlereid, jedoch kann sie trotzdem als deutliche Weisung bezüglich der "unbedingten" Gehorsamsforderung des Hitlereides angesehen werden, da in den Worten "vorbehaltlose Gefolgschaft" prinzipiell dasselbe ausgedrückt steht.

Diese Stellungnahme der deutschen Bischöfe soll unmittelbar durch die zweite Äußerung der Fuldaer Bischofskonferenz "bezüglich der vorgeschriebenen staatsbürgerlichen Eidesleistung"[137] – vom August 1935 ergänzt werden. Sie bezieht sich auf den Beamten- und nicht den Soldateneid. Gleichzeitig mit dem Soldateneid war im Jahre 1934 auch der Beamteneid abgeändert worden. Die neue Schwurformel lautete fortan: "Ich werde dem Führer des Deutschen Reiches und Volkes Adolf Hitler treu und gehorsam sein, die Gesetze beachten und meine Amtspflicht gewissenhaft erfüllen." Im Unterschied zum Soldateneid wurde im Beamteneid kein unbedingter Gehorsam versprochen, jedoch identisch war die Ableistung des Eides allein auf die Person A. Hitlers. Zusammen mit dem Hirtenwort vom 7. Juni 1934 könnten also zu beiden Problempunkten des Soldaten-eides (unbedingte Gehorsamsleistung und Verpflichtung allein auf die Person Hitlers) offizielle Stellungnahmen vorliegen. In der Erklärung vom August 1935 wird nun nochmals darauf hingewiesen, daß keine Eidesleistung einen Christen dazu verpflichten kann, etwas gegen Gottes Gebote oder Gesetze zu tun, da "für den Christen ... jede Eidesleistung zunächst und vor allem eine feierliche Anerkennung der Majestätsrechtę des allerheiligsten Gottes"[138] darstellt. Aus diesem Grund bräuchte ein katholischer Christ auch keine Vorbehalte und Einschränkungen bei einer Eidesleistung vorzunehmen, dann dadurch, daß der Eid ein "feierlicher Akt der Gottesverehrung" ist, kann er von vornherein nichts beinhalten oder zum Gegenstand haben, "was mit der Pflicht der Gottesverehrung und der Treue zur Wahrheit in Widerspruch steht"[139]. Zunächst fällt an dieser Erklärung der Bischöfe auf, daß in keinster Weise das Problem der Vereidigung allein auf die Person A. Hitlers gesehen worden ist; genauso wie in der Stellungnahme vom 7. Juni 1934 geht es auch hier "nur" um das Problem des vorbehaltlosen bzw. unbedingten Gehorsams, der aber nach der Formel des Beamteneides gar nicht versprochen werden mußte. Nach einem Erlaß des Reichsministers für Wissenschaft, Erziehung und Volksbildung vom 12. Juli 1935 sollte der Beamteneid jedoch trotzdem in diesem Sinne geleistet werden; und dagegen wenden sich die Bischöfe in dieser Stellungnahme. Beide bischöflichen Stellungnahmen gemeinsam gesehen stellen nun eine Verteidigung des Eides auf der Grundlage der katholischen Lehre dar. Die Bischöfe definieren, was nach dieser Lehre ein Eid überhaupt nur sein kann und was er beinhalten darf. Danach ist der Eid ein Akt der Gottesverehrung und kann daher nichts enthalten, was gegen Gottes Gebote verstoßen könnte. So kann auch ein Eidnehmer von einem Eidgeber nichts Widergöttliches verlangen. Durch die unbedingte Gehorsamsforderung des nationalsozialistischen Eides ist nach der Meinung der Bischöfe diese selbstverständliche Einschränkung eines Eides nun nicht mehr gegeben, d.h. der Eidnehmer kann auf der Grundlage eines solchen Eides auch von seinen Eidgebern etwas verlangen, was mit den Geboten Gottes nicht in Einklang steht. Damit ist der Eidgeber dem Eidnehmer restlos ausgeliefert, es bleibt ihm kein Raum für eine persönliche Gewissensentscheidung.

Durch diese Darstellung der katholischen Lehre über den Eid geben die Bischöfe in ihren Stellungnahmen also unzweifelhaft zu verstehen, daß ein Eid, der eine unbedingte Gehorsamsforderung enthält, für einen Katholiken prinzipiell nicht schwörbar ist. Es wird deutlich, daß die Bischöfe die Problematik des Hitlereides zumindest teilweise gesehen – nur teilweise, da sie kein Wort über die Vereidigung allein auf die Person Hitlers verloren haben - und auch dagegen protestiert haben. Trotz dieser Erkenntnis haben sie jedoch weder in diesen Stellungnahmen noch sonst irgendwann zu einer Verweigerung der Eidesleistung im nationalsozialistischen Staat aufgerufen. Wie ist dieses unlogische bzw. inkonsequente Verhalten zu erklären? Warum ließen die Bischöfe die Gläubigen einen durch die Nationalsozialisten mißbrauchten Eid schwören, der in den Augen derselben ein konkretes Bekenntnis zu ihrer Sache darstellte und ihnen die Möglichkeit verschaffte, diese Menschen für ihre Ziele zu benutzen?

Eine mögliche Antwort auf dieses inkonsequente Verhalten könnte in dem Grundkonflikt liegen, in dem sich die katholische Kirche in den ganzen Jahren der nationalsozialistischen Herrschaft befand und der als ein wichtiger Schlüssel ihres Verhaltens betrachtet werden muß. Dieser Grundkonflikt bestand darin, daß sich jeder Katholik, sofern er seine Religion ernst nahm, in einem Widerstreit zwischen seinen einerseits christlichen und andererseits staatsbürgerlichen Verpflichtungen befinden mußte. Wie oben schon ausführlich dargestellt, reichte dem nationalsozialistischen Regime kein passives und ruhiges Staatsbürgertum, sondern es forderte den ganzen Menschen; immerzu sollte ein aktives Bekenntnis zur eigenen Sache abgelegt werden. Die nationalsozialistische Weltanschauung sollte alles andere, was bislang das Leben eines Menschen ausgemacht hatte, wie zum Beispiel die Religion, verdrängen und ersetzen. Dieser Grundkonflikt begann für die katholische Kirche genau zu dem Zeitpunkt, als die nationalsozialistische Bewegung die Regierung zu stellen begann. Denn nach katholischer Lehre ist jede Regierung eine von Gott eingesetzte Autorität oder Obrigkeit, der man als Katholik treu und gehorsam zu dienen hat. Dieser Lehrsatz wird besonders durch den Römerbrief Kapitel 13, durch das vierte Gebot und durch die Worte Jesu: "So gebt dem Kaiser, was des Kaisers ist, und Gott, was Gottes ist!" (Mt. 22,21; Mk. 12,17; Lk. 20,25) und seine Entgegnung gegenüber Pilatus: "Du hättest keine Macht über mich, wenn es dir nicht von oben herab gegeben wäre" (Joh. 19,11) begründet. Das Dilemma bestand für die katholische Kirche nun darin, daß sie einerseits den Nationalsozialismus als Weltanschauung strikt ablehnte und für unvereinbar mit dem Christentum hielt, jedoch andererseits aufgrund ihrer eigenen Lehre sich verpflichtet fühlte, einem Nationalsozialismus, der zur Obrigkeit aufgestiegen war, Gehorsam zu leisten. Dieser Sachverhalt läßt sich anhand der Hirtenbriefe genau nachweisen. Solange die nationalsozialistische Bewegung noch nicht die Obrigkeit darstellte, scheuten sich die Bischöfe keineswegs, klare und deutliche Verurteilungen gegenüber dieser Bewegung offiziell zu verkünden; jedoch mit der Übernahme der Regierung durch die

Nationalsozialisten lenkten die Bischöfe plötzlich ein und begannen Loyalitätsbekundungen auszusprechen. Auf den Hirtenbrief vom 28. März 1933, der die öffentliche Revision der bischöflichen Haltung markiert und in dem zum ersten Mal "zur Treue gegenüber der rechtmäßigen Obrigkeit und zur gewissenhaften Erfüllung der staatsbürgerlichen Pflichten"[140] aufgerufen wurde, ist an anderer Stelle schon hingewiesen worden. Zu diesem Hirtenbrief hatte jedoch nicht nur die Tatsache beigetragen, daß die Nationalsozialisten nun die Regierung stellten, sondern auch die überaus kirchenfreundliche Regierungserklärung A. Hitlers vom 23. März 1933 (s.o.). Aufgrund dieser Regierungserklärung mag es noch verständlich sein, daß die Bischöfe gemäß ihrer Lehre einschwenkten. Während der gesamten Jahre der nationalsozialistischen Herrschaft jedoch, auch als die Verfolgungen gegenüber der katholischen Kirche immer größere Ausmaße annahmen, brach die katholische Kirche letztlich nicht mit dem nationalsozialistischen Staat. Die Bischöfe kritisierten mit der Zeit zwar auch die staatliche Obrigkeit, indem sie diese in ihre Grenzen verwiesen und sich gegenüber staatlichen Angriffen verteidigten, aber gleichzeitig erklärten sie sich immer auch loyal. Diese Haltung kann durch eine Vielzahl von Hirtenbriefen belegt werden, so daß an dieser Stelle nur auf drei Beispiele stellvertretend eingegangen werden kann. Im Hirtenbrief vom 3. Juni 1933 zum Beispiel erklärten die Bischöfe in ausführlicher Weise die Lehre vom Gehorsam gegenüber der staatlichen Obrigkeit. So heißt es dort: "Gerade in unserer heiligen, katholischen Kirche kommen Wort und Sinn der Autorität ganz besonders zur Geltung ... Es fällt deswegen uns Katholiken auch keineswegs schwer, die neue, starke Betonung der Autorität im deutschen Staatswesen zu würdigen und uns mit jener Bereitschaft ihr zu unterwerfen, die sich nicht nur als eine natürliche Tugend, sondern wiederum als eine übernatürliche kennzeichnet, weil wir in jeder menschlichen

Obrigkeit einen Abglanz der göttlichen Herrschaft und eine Teilnahme an der ewigen Autorität Gottes erblicken (Röm. 13,1 ff..)."[141] Ferner berichteten die Bischöfe in ihrem Hirtenbrief vom 19. August 1936 von einer Denkschrift, die sie Hitler in "aufrichtiger Verbundenheit" und "christlicher Staatstreue" zugeleitet hatten, und in der sie sich gleichzeitig über "schmerzliche Störungen und Abschnürungen des religiösen und kirchlichen Lebens"[142] beschwert hatten. – Dieses Nebeneinander von Beschwerde und Bekundung einer Verbundheit weist noch auf ein anderes wichtiges Problem hin. Aufgrund der nationalsozialistischen Propaganda erkannten viele Menschen lange Zeit nicht, daß die Angriffe und Verfolgungen, die sie zu erleiden hatten, mit Hitler und seiner Regierung direkt in Zusammenhang standen bzw. von oberster Spitze befohlen worden waren. Man gab sich lange dem Trugbild hin, daß Hitler eigentlich eine positive Figur sei (Hitler-Mythos) und alles Negative von seiner Partei ausging, deren Aktionen er nicht mehr ausreichend kontrollieren konnte. Dieses Trugbild erfüllte dann die Funktion, daß es von der Notwendigkeit, etwas gegen die Staatsregierung bzw. Hiter selbst zu unternehmen, entband. – Am Ende des Hirtenwortes vom August 1936 konnten die Gläubigen nun folgenden Aufruf lesen: "Die Katholiken selber aber ermutigen wir in oberhirtlicher Treue und Liebe, trotz allem, was uns beunruhigt und schmerzt, in charaktervoller Glaubensfestigkeit auszuharren und durch ein gewissenhaftes katholisches Leben auch die staatserhaltende und volksfördernde Kraft unserer göttlichen Religion zu erweisen."[143] Und ebenfalls noch im Jahre 1936 verkündeten die Bischöfe in ihrem Schreiben vom 24. Dezember, daß sie sich einerseits solche Rede verbitten würden, die der Jugend erklärte, daß "nach der Überwindung des Bolschewismus, des ersten Staatsfeindes ... die katholische Kirche als zweiter Staatsfeind an die Reihe kommen" würde; jedoch andererseits drückten sie auch hier wieder gleichzeitig ihre Staatsloyalität aus, indem sie schrieben: "Dabei wollen aber eure Bischöfe ebenso furchtlos und mit ihnen alle treuen Katholiken die Ehrfurcht vor der staatlichen Autorität bekennen und, was an uns liegt, mit dem Staat in Frieden und Vertrauen zusammenarbeiten. Auch dort, wo wir die Eingriffe in die Rechte der Kirche zurückweisen, wollen wir die Rechte des Staates auf staatlichem Gebiete achten und am Werke des Führers auch das Gute und Große sehen."[144]

Diese drei Hirtenbriefe sind Beispiele für Loyalitätsbekundungen der deutschen Bischöfe gegenüber dem nationalsozialistischen Staat. Gleichzeitig zeigen sie aber auch deutlich die verzweifelten Verteidigungsversuche der Bischöfe gegenüber staatlichen Angriffen, so daß wir wieder bei der Ausgangsfrage sind: Warum erklärten sich die Bischöfe auch noch angesichts der zunehmenden Verfolgungsaktionen durch den Staat diesem gegenüber weiterhin loyal? G.C. Zahn, der sich ausführlich in seinem Buch "Die deutschen Katholiken und Hitlers Kriege" mit dieser Frage auseinandergesetzt hat, nennt vier Gründe für das Festhalten der deutschen Bischöfe an ihrer Staatsloyalität: erstens hofften die Bischöfe, dadurch ihre kirchliche Autorität aufrecht erhalten zu können, zweitens ihr Eigentum vor staatlichen Beschlagnahmungen zu schützen, drittens ihre Dienste und Funktionen weiterhin ausüben zu können, wobei es ihnen besonders auf die Seelsorge ankam, und viertens sahen sie darin eine Möglichkeit, die Gläubigen vor dem oben beschriebenen Grundkonflikt zu bewahren, der sie vor die Wahl Staat oder Kirche bzw. Nationalsozialismus und Christentum gestellt hätte. Diesen Grundkonflikt wollten sie deshalb nicht in der Masse der Gläubigen hervorrufen, weil sie dadurch zweierlei befürchteten: erstens noch größere Verfolgungsmaßnahmen seitens des Staates und zweitens einen großen Verlust an Gläubigen, die sich unter diesem

Druck vermutlich zugunsten der staatlichen Macht entschieden hätten.

In diesem Zusammenhang kann die inkonsequente Verhaltensweise der Bischöfe bezüglich der Eidproblematik folgendermaßen erklärt werden. Durch ein Verbot der Eidesleistung für Katholiken wäre eine Loyalitätsbekundung ersten Ranges, denn als solche ist die Leistung des nationalsozialistischen Eides zu verstehen, aufgegeben worden. Dadurch wäre dann der Grundkonflikt für die Gesamtheit der Katholiken ausgelöst worden, den die Bischöfe ja bestrebt waren, möglichst zu vermeiden. Sie hätten sich mit einem solchen Verbot also nicht nur gegen ihre eigene Lehre vom Gehorsam gegenüber der staatlichen Obrigkeit gestellt, sondern auch gegen ihre eigene Taktik des Festhaltens an Loyalitätsbekundungen, die ihrer Institution und ihren Gläubigen ein gewisses Maß an Schutz bot. G.C. Zahn bezweifelt keineswegs, daß durch diese Verhaltensweise der Kirche im nationalsozialistischen Deutschland viel Leid erspart worden ist. Und es kann hinzugefügt werden, daß diese Taktik der katholischen Kirche die Möglichkeit eingeräumt hat, als einzige gesellschaftliche Großgruppe innerhalb Deutschlands die Zeit der nationalsozialistischen Herrschaft zu überleben. Auf der anderen Seite muß aber auch gesehen werden, daß die Kirche sich durch ein solches Verhalten zu einem relativen Mitläufer des Nationalsozialismus gemacht hat und dadurch an dessen Verbrechen mitschuldig geworden ist. Man kann lange darüber streiten, ob es nicht doch besser und letztlich verantwortlicher gewesen wäre, wenn die Bischöfe sich nicht bemüht hätten, den Grundkonflikt in den Gläubigen zu verhindern, sondern alles unternommen hätten, geradezu diesen Grundkonflikt heraufzubeschwören. Das wäre eine deutliche Aufforderung zum Widerstandshandeln gegen den nationalsozialistischen Unrechtsstaat gewesen. Jedoch darf man bei solchen Überlegungen nicht den Preis vergessen, den die katholische Kirche dafür hätte zahlen müssen. Welcher Bischof konnte dafür die Verantwortung übernehmen, daß auf sein Verbot etwa der Eidesleistung hin, zahlreiche Katholiken verhaftet und getötet worden wären? Wie gesagt, es ist eine Frage, über die man lange streiten kann. Effektiver ist es dagegen, Tatsachen festzustellen, und zwar die Tatsache, daß die Bischöfe sich aufgrund ihres inkonsequenten Verhaltens in der Eidesfrage natürlich auch die Möglichkeit nahmen, einem Pater F. Reinisch in seiner konsequenten und radikalen Haltung Rückendeckung zu geben. Diese fehlende Rückendeckung bekam Pater F. Reinisch in vielfacher Form zu spüren, man denke nur an die Verweigerung der hl. Kommunion, die ihn sehr schmerzlich traf, oder an die Distanzierung seines eigenen Ordens durch Ausschluß vor den Augen der Militärbehörden.

Nach eingehender Beschäftigung und persönlichen Erfahrungen mit dem Nationalsozialismus hatte Pater F. Reinisch schon sehr früh für sich selbst den Grundkonflikt zwischen Nationalsozialismus und Christentum dahingehend gelöst, daß er beschlossen hatte, niemals zu einem Mitläufer des Unrechtsregimes zu werden. Er hatte erkannt, daß die einzige Möglichkeit, diesen Grundkonflikt zu lösen bzw. erst gar nicht aufkommen zu lassen, darin bestand, sich klar und kompromißlos für eine der beiden Seiten zu entscheiden. So wollte er als Christ "nicht weniger eindeutig und radikal sein als der überzeugte Nationalsozialist"[145]. In der Eidesleistung sah er, wie aus dem Gespräch mit seinem Vater beim letzten Besuch in Innsbruck hervorgeht, ein offenes Bekenntnis zu Hitler und dem Nationalsozialismus; niemals jedoch wollte er sich unter die nationalsozialistische Fahne beugen.

Pater Reinisch hatte die Problematik des nationalsozialistischen Soldateneides genau durchschaut. Indem er sagte, daß er einen Eid auf Volk und Vaterland schwören könnte, jedoch auf Hitler nie (s.o.) lehnte er einen Eid allein auf eine Person ab. Da es sich bei dieser Person gleichzeitig um A. Hitler handelte, den Exponenten der nationalsozialistischen Bewegung, war es für ihn noch klarer, diesen Eid nicht leisten zu können. Hitler war für ihn ein "Eidbrüchiger"[146] und ein "Verbrecher"[147]. Seiner Meinung nach würde er durch eine Eidesleistung ihn und seine verbrecherische Regierung unterstützen, welche er im Gegensatz zur offiziellen kirchlichen Haltung nicht als gottgewollte Autorität anerkannte, da sie eindeutig nihilistischen Charakter besaß und ihre Macht nicht auf legitime Art und Weise, sondern durch "Lug, Trug und Gewalt"[148] erworben hatte. Einer solchen Regierung war er auch keinen Gehorsam schuldig: sie hatte ihm keine Befehle zu erteilen. Diese prinzipielle Haltung betonte Pater Reinisch in der Gerichtsverhandlung ganz besonders, so erklärte er: "Vor allem war mein verspätetes Eintreffen in der Kaserne aus dem Prinzip heraus geschehen, daß ich die gegenwärtige Reichsregierung nicht anerkenne, und darum hat sie mir auch keinen Befehl zu erteilen."[149] In dieser Ablehnung der Autorität der Hitler-Regierung wird deutlich, daß Pater Reinisch jede Art von Gehorsam gegenüber diesem Regime verweigerte und nicht nur die unbedingte Gehorsamsforderung des Hitlereides. Neben dem wichtigen Argument Pater Reinischs, die Hitler-Regierung abzulehnen, weil sie für ihn keine gottgewollte bzw. legitime Autorität darstellte, lassen sich in seinen Aufzeichnungen und Gesprächen noch weitere Gründe für seine Nicht-Anerkennung bzw. Ablehnung des nationalsozialistischen Regimes entdecken. Ein besonders wichtiger Grund für seine ablehnende Haltung gegenüber dem nationalsozialistischen Regime waren die Verfolgungen der katholischen Kirche. Als gezielte Angriffe des Staates auf die Kirche nannte er die Verfolgungen der katholischen Orden in Österreich, im Rheinland und im übrigen Reich, die Aufhebung der Priesterseminare in Trier und Köln, die Entfernung der Kruzifixe aus den Schulen, die Schließung der Kirchen und auch das Redeverbot, welches ihm persönlich durch die Gestapo erteilt worden war. Ferner beklagte er das grundsätzliche Bestreben der Nationalsozialisten, den christlichen Glauben zu zerstören und durch ihre Weltanschauung zu ersetzen. Gegenüber seinem Oberen Pater Frank sagte er: "Wenn ich an die Kinder und an die Jugend denke, schreit mein Herz auf, daß sie den statt Christus anbeten sollen."[150] In seiner Schlußerklärung verwies er darauf, daß gerade die Kriegszeit dazu benutzt werde, "um in der Heimat den Glauben an den Gott-Menschen Jesus Christus – wie es unzählige Beispiele beweisen – dem Volke und besonders der Jugend aus dem Herzen zu reißen"[151]. Und an anderer Stelle erklärte er, daß er den Fahneneid deshalb verweigere, "weil die Kirche heute zum Freiwild geworden; siehe Hirtenbriefe der letzten Jahre, ferner 'mit brennender Sorge', endlich die praktische Ausweitung der Verfolgung ... Da nun die Einrichtungen: Ministerien, Partei, G.St.Po besonders die NS-Weltanschauung mit List und Gewalt durchführen, und zwar total, in allen Lebensverzweigungen, darum die entschlossene Gegenwehr – Notwehr!"[152] Hier wird der Protestcharakter in der Haltung Pater Reinischs ganz deutlich. Durch seine Eidverweigerung wollte er gegen die Ungerechtigkeiten des nationalsozialistischen Regimes, welches sich nach dem Prinzip "Gewalt geht vor Recht" richtet, protestieren. Kurz vor seinem Tod erklärte er ganz in diesem Sinne: "... es muß Menschen geben, die gegen den Mißbrauch der Autorität protestieren; und ich fühle mich berufen zu diesem Protest!"[153] Schließlich muß noch ein letzter wichtiger Vorwurf genannt werden, den Pater Reinisch gegenüber dem nationalsozialistischen Regime erhob. Er klagte die Doppelzüngigkeit an, die darin zum Ausdruck komme, daß einerseits der katholische Priester durch die Aktionen der Gestapo zum Staatsfeind degradiert werde, auf der anderen Seite er jedoch "seinen Mann"[154] stehen sollte. Seiner Meinung nach könne aber nicht "von einem erklärten Staatsfeind ... verlangt werden, daß er für das gegenwärtige Regime Wehrdienst leiste"[155]. Aufgrund des Protestcharakters und der Vorwürfe, die Pater Reinisch vor den Behörden gegenüber dem nationalsozialistischen Regime erhob, wird nach der Meinung des Autors F. Kloidt der Angeklagte Pater Reinisch zu dem eigentlichen Ankläger in diesem Prozeß. Er tritt Hitler mit dem Verweis "Es ist dir nicht erlaubt ..." gebenüber und stellt den Verführer des Volkes unter schwerste moralische Anklage. Nach Kloidt gehört Pater Reinisch nicht zu den vielen anderen Opfern des Nationalsozialismus, die wegen einer Predigt, dem Abhören des Schwarzsenders, politischer Witze oder dergleichen "erwischt" und ins Gefängnis oder Konzentrationslager eingesperrt wurden, "um dann – weil Christ, weil Priester, weil Bekenner – als willkommenes Wild zur Strecke gebracht ... zu werden"[156], sondern er sieht in Pater Reinisch einen Mann, der bewußt den konkreten Einzelfall des Fahneneides gewählt hat, um anhand dieses Falles seine Anklage gegen das Regime aufrollen zu können. Anhand der persönlichen Aufzeichnungen von Pater Reinisch kann diese Behauptung Kloidts gestützt werden: "Der gegenwärtige Lebens- und Letztabschnitt ist nicht bloß ein freigewählter und freigewollter heroischer Entscheid für Christus und seinen Triumph, sondern auch eine Ausnützung einer mir aufgezwungenen Entscheidung (Stellungsbefehl mit Treueid)"[157]. An verschiedenen anderen Stellen erwähnt er, daß die Ablehnung des Fahneneides seine persönliche freigewählte Art des Kampfes gegen den Nationalbolschewismus ist. Auch Pfarrer A. Jochmann, der Pater Reinisch in den letzten Tagen seines Lebens begleitete, urteilt in ähnlicher Weise wie F. Kloidt, wenn er die Entscheidung Pater Reinischs mit der Johannes des Täufers vergleicht, der sich ebenfalls dazu verpflichtet fühlte, als Ankläger gegenüber Herodes aufzutreten, um ihm öffentlich zu sagen: "Es ist dir nicht erlaubt, deines Bruders Frau zu haben." (Mk.6,18)

Schließlich muß am Ende dieses Abschnittes noch darauf verwiesen werden, daß Pater Reinisch den Eid auch deshalb verweigert hat, weil er in ihm entsprechend der katholischen Lehre einen "schweren sittlichen Akt"[158] sah, den er durch den Mißbrauch des nationalsozialistischen Regimes gefährdet sah. Der Eid wurde verlangt, ohne darauf zu achten, was der einzelne sich darunter vorstellen oder wie weit er sich dadurch gebunden fühlen würde. Pater Reinisch wollte nur dann einen Eid schwören, wenn er auch vorbehaltlos dahinterstehen und ihn aus "Überzeugung tätigen könnte"[159]. Er müßte bei dem jetzt von ihm verlangten Eid zu viele und schwere Vorbehalte machen, "z.B. Nichtannahme: der nationalsozialistischen Weltanschauung, der naturwidrigen Gesetze, z.B. Mord, Beseitigung der Geistesschwachen, Sterilisation, Schulgesetze etc..."[160] Durch die Ablehnung dieses durch die Nationalsozialisten mißbrauchten und zunehmend der Unterhöhlung anheim fallenden Eides wollte Pater Reinisch also auch den wahren Eid als Akt der Gottesverehrung verteidigen.

2.2.2. Die Frage nach dem gerechten und ungerechten Krieg

Pater Reinisch ist durch das Reichskriegsgericht zum Tode verurteilt worden, da er des Tatbestandes der Wehrdienstverweigerung und der Zersetzung der Wehrkraft für schuldig befunden worden war. Damit gehört er faktisch zu einer kleinen Minderheit von Kriegsdienstverweigerern unter der nationalsozialistischen Herrschaft. Inwiefern kann er jedoch auch seiner inneren Haltung nach diesen Kriegsdienstverweigerern zugerechnet werden? Wo problematisierte er in Gesprächen oder in seinen Aufzeichnungen die Angelegenheit des Hitler-Krieges? Kann man davon ausgehen, daß Pater Reinisch gleichsam den Krieg mitverurteilte, wenn er davon sprach, sich in keinem Fall zu einem Mitläufer der nationalsozialistischen Sache zu machen? Der Krieg war schließlich in besonderer Weise eine Sache der Nationalsozialisten, auf die sie kontinuierlich zugearbeitet hatten. Auf die zuletzt genannte Frage kann eindeutig mit Ja geantwortet werden, so schrieb er am 26. Juli im Gefängnis: "Pius XII. erließ am 25.8.39 noch zum letzten Mal eine Aufforderung an die Regierungen zum friedlichen Verhandeln. Aber die nationalsozialistische Regierung mit dem preußischen Militarismus entschied sich für den Krieg. Sie macht also die Rechnung ohne den Wirt! Wo Gewalt, Lug und Trug allein das Feld beherrschen, da helfe ich als Priester nicht mit."[161] In dieser Aussage wird nicht nur bestätigt, daß Pater Reinisch auch den Hitler-Krieg verurteilte und in diesem nicht mitwirken wollte, sondern hier wird auch seine Weigerung begründet. So lehnte er eine Mitwirkung in diesem Krieg ab, da es ein vom nationalsozialistischen Regime bewußt gewollter Krieg war und weil dieser Krieg – sofern man überhaupt davon sprechen kann – mit "unfairen" Mitteln ausgefochten wurde.

Aus dem Gespräch, welches er im Sommer 1939 mit einem Mitbruder in Schönstatt führte (s.o.) geht ein weiterer Grund für seine Ablehnung des Krieges hervor. Hier hatte er dem Mitbruder entgegnet, daß man einer Obrigkeit nicht folgen dürfe, die nur Mord und Totschlag in die Welt bringe "um der lüsternen Eroberung willen". Damit sagte er, daß es sich bei diesem Krieg auf keinen Fall um einen Verteidigungskrieg handeln konnte, sondern ganz im Gegenteil um einen Angriffskrieg zum Zweck von Eroberungen.

Und nicht zuletzt lehnte er diesen Krieg ab, da er in besonderer Weise für Christen ein sinnloser Kampf war. In seiner Schlußerklärung schrieb er, daß ihm viele Fronturlauber berichtet hätten, daß sie nicht wüßten, welchen Sinn ihr Kämpfen haben sollte, da sie gleichzeitig gegen den Bolschewismus des Auslandes und für den Bolschewismus in der Heimat kämpfen würden; und er selbst fügte diesen Berichten hinzu: die Kriegszeit werde in besonderer Weise zur Zerstörung des christlichen Glaubens in der Heimat ausgenützt. An einer anderen Stelle sprach Pater Reinisch im gleichen Sinne von einem "Zweifrontenkrieg", in dem die Christen stehen würden: "gegen den roten Bolschewismus des Auslandes und gegen den braunen Bolschewismus im Inland"[162]. Je länger der Kampf im Ausland währe, um so mehr müßte um den Bestand des Christentums gefürchtet werden, deshalb hatte er beschlossen: "Niemals werde ich nachgeben. Die anderen dürfen wühlen und den Kampf weiterführen, und wir wollen schweigen ... Jetzt ist der Zeitpunkt, wo man ihnen das Handwerk legen muß."[163] Pater F. Reinisch war jedoch kein grundsätzlicher Pazifist. Das geht deutlich aus seinem Gespräch mit dem Kriegsgerichtsrat in Würzburg hervor. Hier erklärte er, daß er für jedes andere Regime zur Verteidigung des Vaterlandes den Fahneneid leisten würde. Pater Reinisch lehnte also bewußt diesen Krieg unter diesem Regime ab. Deutlich ist auch hier sein Hinweis auf den Verteidigungsfall, in dem er nur den Fahneneid leisten würde.

Beim näheren Betrachten der Ausführungen Pater Reinischs zur Kriegsproblematik erkennt man einzelne Elemente der traditionellen kirchlichen Lehre vom gerechten und ungerechten Krieg. Nach dieser Lehre gibt es vier entscheidende

Kriterien, an denen ein gerechter Krieg gemessen wird. So ist ein Krieg dann gerecht, wenn er erstens von der legitimen Obrigkeit erklärt wird, zweitens wenn nichts unversucht geblieben ist, um den Konflikt auf andere Art und Weise zu bewältigen, drittens wenn durch diesen Krieg ein schweres Unrecht beseitigt werden kann und viertens wenn die Leiden des Krieges den mit Hilfe des Krieges für erreichbar gehaltenen Zielen in einem angemessenen Verhältnis gegenüberstehen. Es liegt auf der Hand, daß nach diesen Kriterien, die alle zugleich gelten müssen, um einen Krieg zu beurteilen, der Hitler-Krieg eindeutig ein ungerechter Krieg war. Von der kirchlichen Lehre her wurde jedem einfachen Soldaten zugestanden, den Kriegsdienst zu verweigern, wenn er erkannt hatte, daß diese Kriterien nicht erfüllt waren. Im Zweifelsfalle hatte er jedoch schon zu gehorchen und den Kriegsdienst zu leisten. Wie konnte es nun möglich sein, daß trotz der Existenz dieser eindeutigen Lehre die Bischöfe die Gläubigen zum Beispiel in Hirtenbriefen zur treuen Pflichterfüllung in diesem ungerechten Hitler-Krieg aufgerufen haben und in einzelnen Fällen sich sogar ausdrücklich von der Gewissensentscheidung katholischer Kriegsdienstverweigerer distanziert haben? Auch Pater Reinisch erfuhr diese Distanzierung, wenn an die Aufforderung zweier Bischöfe zur Eidesleistung oder an die Verweigerung der hl. Kommunion gedacht wird. In ähnlicher Weise, wie in den oben genannten Loyalitätsbekundungen der Bischöfe vor dem Krieg, riefen sie nun auch im Krieg zur Unterstützung des Staates auf, so in dem Hirtenbrief vom 17. September 1939: "In dieser entscheidungsvollen Stunde ermuntern und ermahnen wir unsere katholischen Soldaten, in Gehorsam gegen den Führer, opferwillig unter Hingabe ihrer ganzen Persönlichkeit ihre Pflicht zu tun. Das gläubige Volk rufen wir auf zu heißem Gebet, daß Gottes Vorsehung den ausgebrochenen Krieg zu einem für Vaterland und Volk segensreichen Erfolg und Frieden führen möge..."[164] Und ein weiteres Beispiel ist der Hirtenbrief vom 26. Juni 1941, in dem geschrieben steht: "Geliebte Diözesanen! In schwerster Zeit des Vaterlandes, das auf weiten Fronten einen Krieg von nie gekanntem Ausmaße zu führen hat, mahnen wir euch zu treuer Pflichterfüllung, tapferem Ausharren, opferwilligem Arbeiten und Kämpfen im Dienste unseres Volkes... Von euch allen fordert der Krieg Anstrengungen und Opfer. Bei der Erfüllung der schweren Pflichten dieser Zeit, bei den harten Heimsuchungen, die im Gefolge des Krieges über euch kommen, möge die trostvolle Gewißheit euch stärken, daß ihr damit nicht bloß dem Vaterlande dient, sondern zugleich dem heiligen Willen Gottes folgt, der alles Geschehen, auch das Schicksal der Völker und der einzelnen Menschen in seiner weisen Vorsehung lenkt."[165] Solche Erklärungen der deutschen Bischöfe, die von einem "ausgebrochenen" Krieg und einem Schicksal sprechen, welches über das deutsche Volk gekommen ist und in dem man sich nun zu bewähren hatte, können nicht anders verstanden werden als eine Anerkennung der Rechtmäßigkeit des Krieges. Und mit dieser Anerkennung waren die katholischen Christen nach traditioneller Lehre (s.o.) im Gewissen gebunden und auf Hitler verpflichtet. In keinem Hirtenbrief dieser Jahre findet man eine öffentliche Stellungnahme zu der Frage, ob es sich bei diesem Krieg um einen gerechten oder ungerechten Krieg handelte. Indem man diese Frage erst gar nicht erörterte, überließ man nach den Autoren U. von Hehl, L. Volk und G.C. Zahn allein der nationalsozialistischen Regierung die Beantworung dieser Frage, die in ihrer Propaganda natürlich von einem Verteidigungskrieg sprach, so wie Hitler am 1. September 1939 auch erklärte, es werde "zurückgeschossen". Aber warum wandten die Bischöfe ihre eigene traditionelle Lehre nicht an? L. Volk beantwortet diese Frage folgendermaßen: "Woher sollten an der Schwelle zum Zweiten Weltkrieg die deutschen Bischöfe die Kompetenz nehmen, über Recht oder Unrecht der streitenden Parteien zu befinden, wo sie sahen, daß noch nicht einmal die Verantwortung am Ausbruch des Ersten entschieden war? Die Gewißheit der gerechten Sache war zweifellos vorläufig, weil von Staats wegen dekretiert. Aber wer sie anfechten wollte, geriet in Beweisnot."[166] Nach diesem Zitat trauten sich die Bischöfe kein Urteil über diesen Krieg zu. In diesem Fall stellt sich jedoch die Frage, warum sie dann sofort zu Beginn des Krieges zur treuen Pflichterfüllung in diesem Krieg aufgerufen haben, als ob sie ihn für rechtmäßig hielten? Warum haben sie mit derartigen Aufrufen nicht abgewartet oder zumindest wie Bischof Preysing gehandelt, der als einziger der Bischöfe kein Wort über diesen Krieg verlor mit der Ausnahme, die Gläubigen aufzufordern, jederzeit bereit zu sein, vor Gottes Angesicht treten zu können. Auch auf diese Frage kann das schon ausführlich beschriebene Problem des Grundkonfliktes, in dem sich die katholische Kirche damals befand, Antwort geben. Auf der einen Seite lehnte man den Nationalsozialismus ab und war vielleicht auch im großen Zweifel über die Gerechtigkeit dieses Krieges. Auf der anderen Seite fühlte man sich aber – aus welchen Gründen auch immer – dazu verpflichet, seine staatsbürgerliche patriotische Pflicht zu erfüllen. Übersehen werden darf auch nicht, daß der nationalsozialistische Staat diese Pflichterfüllung unter Androhung härtester Strafen von den Kirchen verlangte. Und damit nicht genug, er forderte auch eine moralische Unterstützung seitens der Kirchen in diesem Krieg. Diese moralische Unterstützung wurde jedoch nur in Einzelfällen gegeben, so zum Beispiel durch den Feldbischof Franz Justus Rarkowski. Nicht selten setzte der Staat deshalb die Kirchen unter massiven Druck. Er warf ihnen fehlenden Patriotismus vor, bezeichnete ihre Religion als für das deutsche Wesen artfremd und hielt die Christen im allgemeinen für keine guten Deutschen. Aus diesen Anschuldigungen heraus müssen nicht nur aber auch die darauf oft folgenden kriegsunterstützenden Äußerungen der Bischöfe bewertet werden, die sich gegen diese Vorwürfe mit Bekenntnissen zum Deutschtum und dem Argument, daß ein katholischer Soldat mindestens ein ebenso guter Soldat sei wie jeder andere deutsche Soldat auch, verteidigten. Aus derartigen Verteidigungsbemühungen seitens der Kirche dürfen heute keine Versuche der ideologischen Anpassung gemacht werden. Eine berechtigte Frage ist jedoch die, ob diese Verteidigungsversuche, die ja Gemeinsamkeiten zwischen Kirche und Staat betonten, das richtige Mittel in dieser Situation waren, oder ob deutlichere Abgrenzungen gegenüber dem Staat und seinem Krieg nicht angemessener gewesen wären.

Neben diesem Druck, der seitens des Staates auf die katholische Kirche ausgeübt wurde und ihr patriotische Bekenntnisse abzwang, darf aber auch nicht vergessen werden, daß damals allgemein das Mittel des Krieges nicht in dem Maße verpönt war wie heute. Es wurde noch weitgehend als selbstverständlich angesehen, in einem Krieg seine Pflicht zu erfüllen, und meistens empfand man auch den Krieg als gerecht, in dem sich sein Land gerade befand. Bei dem Hitler-Krieg kam noch hinzu, daß dieser Krieg als ausgesprochener Kampf gegen den gottlosen Bolschewismus propagiert worden war, der es den Christen noch zusätzlich erleichterte, diesen Krieg als gerecht anzusehen. Nach dem Ersten Weltkrieg hatte sich zwar eine Minderheit auch unter den Katholiken gebildet, die angesichts der modernen Waffentechnik, die im Ersten Weltkrieg schon ihre furchtbaren Spuren hinterlassen hatte, immer skeptischer geworden war, ob es einen gerechten Krieg unter solchen Bedingungen überhaupt noch geben könne; jedoch waren solche Töne nach 1933 kaum mehr unter deutschen Katholiken zu vernehmen. Eine kleine katholische Minderheit, die sich im Friedensbund deutscher Katholiken organisiert hatte und voraussagte, daß Hitler gleich Krieg bedeute, wurde am 1.

Juli 1933 verboten. Angesichts der massiven Propaganda des nationalsozialistischen Staates und der Aufrufe zur treuen Pflichterfüllung seitens der kirchlichen Oberhirten muß es für einen einfachen Katholiken damals außerordentlich schwierig, wenn nicht sogar fast unmöglich gewesen sein, zu einer echten Entscheidung über diesen Krieg zu gelangen. Neben der Tatsache, daß man sich im allgemeinen ohnehin nicht viel mit dieser Frage beschäftigte, ist auch festzustellen, daß die kirchlich führenden Persönlichkeiten eine solche Entscheidung auch gar nicht dem Urteilsvermögen des einzelnen überlassen wollten, weil sie ihm eine solche Entscheidung nicht zutrauten. In diesem Sinne äußerte sich zum Beispiel Erzbischof C. Gröber 1935 in seinem Buch "Kirche, Vaterland und Vaterlandsliebe", in dem er sich auf die prominentesten Moraltheologen berief: " ... Die katholischen Theologen haben immer den gerechten Krieg vom ungerechten Krieg unterschieden und es niemals in den Urteilsbereich des einzelnen mit seinen Kurzsichtigkeiten und Gefühlsbestimmungen gelegt, im Kriegsfalle die Erlaubtheit oder das Unerlaubtsein zu erörtern, sondern die letzte Entscheidung der rechtmäßigen Obrigkeit überlassen."[167] Pater F. Reinisch hat sich entgegen dieser Weisung als einzelner entschieden und sich weder von der staatlichen noch von der kirchlichen Seite beeindrucken lassen. Wie hätte er diese Entscheidung auch der staatlichen Obrigkeit überlassen können, da er sie grundsätzlich nicht als rechtmäßige Obrigkeit anerkannte, sondern in ihr eine teuflische Macht sah? Aber auch seitens der amtlichen Kirche hat er sich nicht seine persönliche freie Gewissensentscheidung nehmen lassen und damit ein Zeugnis für die Freiheit und Persönlichkeit jedes menschlichen Wesens abgelegt.

An dieser Stelle muß dringend darauf hingewiesen werden, daß Pater F. Reinisch nicht der einzige Fahneneid- und damit Kriegsdienstverweigerer während der nationalsozialistischen Gewaltherrschaft gewesen ist. Die Zahl der namentlich bekannten Kriegsdienstverweigerer, die ebenfalls ihre Verweigerung mit dem Tod bezahlt haben, beträgt 223. Es können aber durchaus noch mehr Opfer gewesen sein. Die nationalsozialistische Taktik, jeden unliebsamen Gegner zu einem Gewalt- oder Sittlichkeitsverbrecher zu stempeln, macht eine Dunkelziffer nicht unwahrscheinlich. Von diesen 223 namentlich bekannten Opfern waren vermutlich nur fünf Katholiken: der Bauer Franz Jägerstätter, Bruder Maurus und Bruder Michael von der Christkönigsgesellschaft, der bis heute am wenigsten bekannte Michael Lerpscher und Pater Reinisch als der einzige namentlich bekannte katholische Priester. Einen Sonderfall nimmt Josef Fleischer ein, der ebenfalls aus Gewissensgründen den Kriegsdienst verweigert hat, jedoch dem Todesurteil dadurch entgehen konnte, daß er in eine dem Militär unterstehende Nervenklinik eingewiesen wurde. Ferner ist Emil Fieger, ein damaliger Theologiestudent des Erzbischöflichen Konvikts in Freiburg, zu nennen, der aus diesem Konvikt entlassen wurde, weil er nicht den Soldateneid schwören wollte. Der Konviktsdirektor begründete die Entlassung damit, daß Emil Fieger mit einer solchen Haltung der Verantwortung eines Priesters nicht gewachsen sei. Und in einem weiteren Sinn können zu den katholischen Kriegsdienstverweigerern auch Max Josef Metzger und der Südtiroler Josef Mayr-Nusser gezählt werden. Max Josef Metzger ist eine führende Persönlichkeit des katholischen Pazifismus und Gründer der Christkönigsgesellschaft gewesen. Zum Tode verurteilt wurde er jedoch nicht wegen Kriegsdienstverweigerung, sondern weil der Gestapo ein Memorandum von ihm in die Hände gefallen war, welches an den evangelischen Erzbischof Eidem von Upsala gerichtet war und in dem Metzger eine neue deutsche Staatsordnung verfaßt hatte. Dieses Dokument sollte der Erzbischof an die alliierten Bischöfe mit der Bitte um einen erträglichen Friedensvertrag weiterleiten. Aufgrund dieses Dokuments wurde Metzger am 17. April 1944 wegen Hochverrat und Feindbegünstigung hingerichtet. Josef Mayr-Nusser fiel deshalb den Nationalsozialisten zum Opfer, weil er sich geweigert hatte, den Eid auf Hitler in der Waffen-SS zu leisten; als einfacher Soldat jedoch hätte er gedient. Auf der evangelischen Seite muß noch Martin Gauger erwähnt werden, der als Jurist den Beamteneid und bei seiner Einberufung den Soldateneid verweigert hat. Auf seiner Flucht nach Holland wurde er gefaßt und später im Konzentrationslager Buchenwald hingerichtet.

Wer waren jedoch die über 200 anderen Kriegsdienstverweigerer, die unter Hitlers Fallbeil starben? Es waren Zeugen Jehovas, deren Opfer heute ebenfalls weitgehend vergessen ist.

2.3. Franz Reinisch und seine persönlichen religiösen Gründe

Die folgenden beiden Abschnitte widmen sich den persönlichen oder auch privaten Gründen und Motiven Pater Reinischs, die ihn bewogen, den Fahneneid auf A. Hitler zu verweigern. Es sind ganz individuelle Gründe, die auf niemanden anderes übertragen werden können. Sie zeugen von einer tiefen Religiosität und sind streng übernatürlicher Art. Die Übernatur war für Pater Reinisch mindestens ebenso realistisch wie alles Natürliche. Diese persönlichen religiösen Gründe können erst wirklich das Bild von Pater Reinisch und seiner Entscheidung abrunden.

2.3.1. "Man muß Gott mehr gehorchen als den Menschen" (Apg. 5,29)

– Die persönliche Gewissensentscheidung des Franz Reinisch

Immer wieder stößt man bei Pater Reinisch auf Äußerungen folgender Art, wenn es darum geht, seine Entscheidung vor anderen oder vor sich selbst zu rechtfertigen: "Ich kann nicht anders"[168], "Gott verlangt einmal von mir, diesen Weg zu gehen"[169] oder: "Und doch halte ich unbeugsam daran fest, daß es der Wunsch und der Wille Gottes und der MTA ist, von meiner Person zu verlangen, daß ich freiwillig den Tod auf mich nehme, als Gabe und Aufgabe zugleich."[170] Nach diesen Zeugnissen verweigerte Pater Reinisch den Fahneneid auf A. Hitler, weil er darin die Erfüllung des göttlichen Willens erkannt hatte. Er fühlte sich von Gott dazu berufen, diesen Weg zu gehen.

Wie konnte er sich jedoch so sicher sein, daß Gott genau dieses von ihm verlangte und es sich bei seiner Entscheidung nicht um eine rein menschliche Willkürentscheidung handelte? An mehreren Stellen weist Pater Reinisch auf sein Gewissen hin, welches ihm den Weg zu seiner Entscheidung gewiesen habe. So wiederholte er zum Beispiel in einem Brief an seine Eltern vom 12. Juni 1942 einen Satz aus dem vorausgegangenen Brief seines Vaters, der ihm sehr wichtig war, er schrieb: "Wie schön und trostvoll klingt für mich hier wieder Papas Wort: 'Nur die Erfüllung des göttlichen Willens bringt ein gutes Gewissen.'" Und er führte weiter: "Liebe Eltern, Euch zur Freude und zum Trost sei es geschrieben: Das gute und ruhige Gewissen vor dem Dreifaltigen Gott besitze ich. Ich stehe in Gottes Hand."[171] Auch in seinen Aufzeichnungen aus dem Gefängnis lassen sich Hinweise auf große innere Ruhe und ein gutes Gewissen finden. In einem guten und ruhigen Gewissen sah er also eine Bestätigung dafür, daß sein Vorhaben dem göttlichen Willen entspricht.

Wie hängen jedoch Gottes Wille und Gewissensentscheidung grundsätzlich zusammen? Was ist das Gewissen? Im Rahmen dieses Buches kann selbstverständlich nicht auf die Fülle der unterschiedlichen Auffassungen über das Gewissen, die es nicht nur in der Moraltheologie, sondern auch in anderen Wissenschaftsbereichen, wie zum Beispiel der Psychologie, der Soziologie oder der Pädagogik gibt, eingegangen werden, sondern es können nur einige wenige Aspekte beleuchtet werden. Aus der Sicht J.H. Newmans erlebt der Mensch das Gewissen auf folgende Art und Weise: "Das Gewissen ist mehr als der Mensch selber. Der Mensch selbst hat es nicht in der Gewalt oder nur mit äußerster Schwierigkeit; er hat es nicht gemacht, er kann es nicht zerstören. Er kann es in besonderen Fällen oder Hinsichten zum Schweigen bringen, er vermag seine Äußerungen zu verzerren, aber er vermag sich nicht von ihm frei zu machen. Er kann ungehorsam dagegen sein, er kann sich weigern, von ihm Gebrauch zu machen. Dennoch verbleibt es."[172] Solche Erfahrungen, die J.H. Newman hier beschrieben hat, machen Menschen vor allem dann, wenn sie in Konfliktsituationen oder vor, in oder nach Entscheidungen stehen, die für sie und ihr Leben sehr wichtig sind oder wenn sie Schuld auf sich geladen haben. In solchen Situationen wird das Gewissen nach den Theologen Karl Rahner und Herbert Vorgrimler zu jenem "Moment an der Freiheitserfahrung des Menschen, in dem er seiner Verantwortung bewußt wird"[173]. Für Pater F. Reinisch entstand eine derartige Situation in besonderer Weise am 1. März 1941, an dem Tag, an dem er den ersten Bereitschaftsbefehl zum Eintritt in die Wehrmacht erhalten hatte. Seine Tagebucheintragung von diesem Tag gibt deutlich davon Zeugnis, wie sehr er sich durch diesen Bereitschaftsbefehl in seiner Verantwortung herausgefordert sah. Alles drängte in ihm zu einer ganz persönlichen und freien Entscheidung, so daß er schrieb: "Ein Doppeltes treibt mich innerlich an, zur frei gewählten Todesart ja zu sagen ...", oder "Einwand: Es besteht doch keine Verpflichtung, diese Todesart zu wählen. Allgemein gesehen, mag dies wohl zutreffen. Aber hier geht es um eine persönliche Entscheidung", oder "Ich höre den Ruf ...! Das Locken der Dreimal Wunderbaren Jungfrau-Mutter-Königin! Ich vernehme auch die Stimme des Christ-Königs! Bereitschaft!!! Ich komme, dich zu holen!"[174]

Weiter heißt es in der Definition von K. Rahner und H. Vorgrimler zum Gewissen: "Der biblische Begriff dafür [für das Gewissen] ist Herz, in das der Wille Gottes geschrieben ist (Röm. 2,15), das versteinern (Ez. 11,19) oder geteilt (Jak. 1,8) sein kann, das beschnitten werden muß (Apg. 7,51), in dem das Licht der göttlichen Wahrheit leuchtet (2 Kor. 4,6)."[175] Durch dieses Zitat wird der Zusammenhang zwischen dem Gewissen und dem Willen Gottes ganz deutlich. Danach wird der Wille Gottes über das Gewissen als innermenschliche Instanz erfahrbar oder erkennbar. H. Niederschlag drückt diesen Zusammenhang so aus: "Das Gewissen ist also lebendiges Gespür für das, was der Mensch tun und wie er werden soll"[176], das heißt, es ist nicht nur die Instanz, die dem Menschen sagt, was gut und was böse ist, sondern ihn auch dazu aufruft, so zu werden, wie Gott ihn als Person gedacht hat. Damit soll nach dem Moraltheologen B. Schüller nicht gleichzeitig ausgedrückt sein, daß das Gewissen auf irgendeine geheimnisvolle Weise unmittelbar Gott selbst ist, "denn Gott kann nicht irren, während das Gewissen erfahrungsgemäß irren kann"[177]. Vielmehr handelt es sich bei dem Gewissen um "ein im geschaffenen Menschen selbst ermöglichtes eigenes personales Selbstverständnis, wenn auch vielleicht oft nur in vorreflexiver Erkenntnis und

Anerkenntnis gegeben"[178], d.h. daß einerseits die Instanz des Gewissens im geschaffenen Menschen vorhanden ist, er jedoch letztlich selbst dafür verantwortlich ist, wie sich diese Instanz ausbildet. Je nachdem, wie der Mensch sich nun mit seiner Umwelt auseinandersetzt, welche Erfahrungen er macht und welche Einsichten und Schlüsse er daraus zieht, formt er sein Gewissen aus. Auf der einen Seite kann der Mensch so zu einem Ergebnis kommen wie A. Hitler, um ein sehr extremes Beispiel zu nennen, der das Gewissen völlig ablehnte und sich selbst als Maßstab aller Dinge betrachtete. Diese Haltung spricht deutlich aus seinen Worten: "Das Gewissen ist eine jüdische Erfindung. Es ist wie die Beschneidung eine Verstümmelung des menschlichen Wesens ... Man muß Mißtrauen haben gegen Geist und Gewissen, und man muß Zutrauen haben zu seinen Instinkten ... Die Vorsehung hat mich zu dem größten Befreier der Menschheit vorbestimmt. Ich befreie den Menschen ... von den schmutzigen und erniedrigenden Selbstpeinigungen einer Gewissen und Moral genannten Chimäre und von den Ansprüchen einer Freiheit und persönlichen Selbständigkeit ... An die Stelle des Dogmas von dem stellvertretenden Leiden und Sterben eines göttlichen Erlösers tritt das stellvertretende Leben und Handeln des neuen Führergesetzgebers, das die Masse der Gläubigen von der Last der freien Entscheidung entbindet."[179]

Auf der anderen Seite kann der Mensch zu einem völlig anderen Ergebnis kommen, zum Beispiel zu dem, welches Pater F. Reinisch so konsequent vorgelebt hat. Er achtete seine persönliche Gewissensentscheidung so sehr, daß er dafür bereit war, den Tod auf sich zu nehmen. Aus diesem Grund wird er auch vielfach als ein "Zeuge der Gewissenstreue" verehrt. Der Moraltheologe R. Spaemann nennt genau diese Bereitschaft eines Menschen, für seine Gewissensentscheidung "eine unangenehme Alternative in Kauf zu nehmen"[180] – und in welchem Maße trifft diese Bereitschaft auf Pater F. Reinisch zu –, als das einzige Indiz für die Echtheit einer Gewissensentscheidung. Neben diesem Indiz läßt sich bei Pater F. Reinisch noch ein weiterer Aspekt besonders betonen, der die Behauptung einer echten Gewissensentscheidung zusätzlich bestätigen kann. Gemeint ist seine geradezu heitere Gelassenheit, seine kindliche Freude und seine Beteuerungen, daß er sogar glücklich sei angesichts seines bevorstehenden Todes. Diese Haltung spricht deutlich aus seinem Abschiedsbrief an seine Eltern, und sie wird von Pfarrer A. Jochmann, dem letzten Begleiter Pater Reinischs, bestätigt.

Nun zurück zu der Frage, auf welchem Weg Pater F. Reinisch zu seiner Gewissensentscheidung gelangte, und woher er seine Sicherheit nahm, genau mit dieser Entscheidung den Willen Gottes zu erfüllen. Pater K. Brantzen, der beste Kenner Pater Reinischs, nennt drei Richtlinien, an denen sich Pater Reinisch in seiner schwierigen Entscheidungssituation orientierte: erstens prüfte er, ob seine Entscheidung einerseits vernünftig und andererseits "der Stimme seines Herzens" entsprach; zweitens begleitete er jede Entscheidungssituation durch intensives Gebet, besonders zum Heiligen Geist; und drittens befragte er Personen seines Vertrauens, um keiner Selbsttäuschung zu unterliegen. Das Ziel dieses Prüfens, Betens und Befragens bestand für ihn in der Beantwortung der eigentlichen Kernfrage: Was will Gott von mir? Dieses Suchen und Forschen nach dem göttlichen Willen zieht sich wie ein roter Faden von seiner Tagebucheintragung vom 1. März 1941 über seine gesamten Aufzeichnungen bis zu seinem Tode hin. So schrieb er zum Beispiel am 1. März 1941: "Ist es der Wille Gottes, diese Todesart zu wählen? ... Ob diese Art der Ganzheit und Einsatzbereitschaft nicht die mir von Gott zugedachte ist?!!! ... Und wenn es Deinen Plänen entspricht, laß mich Opfer sein für Dein Werk!"[181] Oder am 4. Juli 1942 schrieb er: "Wenn nur Gottes und der MTA Wille in Erfüllung gehe!"[182] Und schließlich entgegnete er in diesem Sinne auch seinem Oberen, der ihn zur Eidesleistung aufforderte, er sagte: "Ich wäre sofort bereit, meinen Willen zu beugen und den Eid zu leisten, wenn ich stärkere Anzeichen finde für den Willen Gottes als bisher."[183] Und an einer anderen Stelle schrieb er: "Es wird mehr als früher, oft zum größten Kreuz der Vorgesetzten, das Geheimnis vom zwölfjährigen Knaben im Tempel eintreten, d.h., daß Gott einzelne ruft, ihnen eine persönliche Sendung anvertraut, die verbunden ist mit einem herrischen Entscheid für Christus!"[184] Noch an zwei weiteren Stellen erfolgt in seinen Aufzeichnungen dieser Hinweis auf den zwölfjährigen Jesus im Tempel, der seinen Eltern ungehorsam gewesen war, weil er allein dem Ruf Gottes gefolgt war. Mit dieser biblischen Begebenheit suchte Pater F. Reinisch seine Haltung gegenüber seinen Oberen zu rechtfertigen. Auch er wollte, wie der zwölfjährige Jesus, Gott mehr gehorchen als den Menschen (Apg. 5,29). Der Vorwurf des irrigen Gewissens und des Ungehorsams seitens seiner Oberen beunruhigte Pater F. Reinisch teilweise sehr. Schon an anderer Stelle wurde darauf hingewiesen, daß ihm die Schwierigkeiten, die ihm seine Mitbrüder in seiner Angelegenheit bereiteten, oft mehr zusetzten als die der Behörden. Neben dem Hinweis darauf, daß er Gott mehr gehorchen müßte als seinen Oberen, verteidigte sich Pater Reinisch auch dadurch gegen den Vorwurf des Ungehorsams, daß er den Oberen das Recht absprach, ihm in diesem speziellen Fall den Gehorsam zu befehlen, da es sich um eine Gewissensentscheidung handle. Für ihn galt grundsätzlich der Satz: "In disciplinis semper oboedientia, in spiritualibus conscientia"[185], d.h. in Ordnungsfragen immer Gehorsam, im geistigen Bereich Gewissensentscheidung. Nach diesem Grundsatz stellten die Weisungen der Oberen für ihn nur einen "dringenden Rat"[186] dar, jedoch keinesfalls einen Befehl. Um sich schließlich ganz sicher sein zu können, trotzdem den Willen Gottes zu erfüllen, obwohl ihm die Vorgesetzten Ungehorsam und irrigen Gewissensentscheid vorwarfen, stellte Pater Reinisch vier Kriterien auf, die erfüllt sein mußten: erstens durfte ihn keine "innere Bitterkeit" beschleichen; zweitens mußte er immer gewillt sein, in besonderer Weise für seine Vorgesetzten zu beten; drittens mußte seine Liebe zu Gott trotz diesen Umstandes wachsen; und viertens "mußte der unmittelbare Gehorsam des Gewissens zu Gott *gut begründet* und erleuchtet sein"[187].

Zum Schluß dieses Abschnittes soll noch etwas näher auf die drei oben erwähnten Richtlinien eingegangen werden, die Pater F. Reinisch in seiner Entscheidungssituation Orientierung boten. Zu dem ersten Punkt der Richtlinien, dem Prüfen, ob die Entscheidung vernünftig ist und auch der "Stimme des Herzens" entspricht, muß zunächst erklärt werden, daß unter der "Stimme des Herzens" das Gewissen zu verstehen ist. Wichtiger ist aber die Frage, wie dieses Prüfen bei Pater Reinisch praktisch aussah. In seinen Aufzeichnungen findet man häufig Auflistungen von Erfahrungen und Ereignissen seines Lebens, die er als "weise Führungen und Fügungen des dreifaltigen Gottes"[188] bezeichnet hat. An zwei anderen Stellen erwähnt er den Plan bzw. Weg der göttlichen Vorsehung, und in der Einleitung zu seinem Lebensrückblick schreibt er, daß es ein Zeichen eines gesunden katholischen Sinnes sei, wenn man jeden Tag nach der Gnade tasten würde. Diese Aussagen weisen auf einen sehr ausgeprägten Vorsehungsglauben Pater Reinischs hin. Er war von der Anwesenheit Gottes in der Welt überzeugt, die sich praktisch überall und zu jeder Zeit äußern konnte, sei es durch bestimmte Ereignisse, Situationen, Umstände oder Menschen. Immer wieder vermochte er Gott in seinem Leben zu entdecken bzw. sich durch bestimmte Ereignisse oder Menschen von Gott angesprochen und einen speziellen Weg gewiesen zu fühlen. Pfarrer Kreutzberg weist sogar an einer Stelle daraufhin, daß er geradezu "begierig" nach allem war, was ihm den Willen Gottes zeigen und zu einer Bestätigung seines einmal eingeschlagenen Weges werden konnte. So sah Pater F. Reinisch zum Beispiel in dem Empfang der hl. Kommunion nach einer langen Zeit der Entbehrung ein ganz deutliches Zeichen für eine göttliche Bestätigung seines Vorhabens.

Keine auch noch so kleine Entscheidung fällte Pater Reinisch jedoch, ohne sie vorher im Gebet durchdacht zu haben, womit wir beim zweiten Punkt der drei Richtlinien angelangt wären. So hatte er zum Beispiel seine grundsätzliche Entscheidung zur Eidverweigerung am 1. März 1941 im Gebet gefällt. Auch danach betete er immer wieder um die richtige Entscheidung. Zu seinen Lieblingsgebeten gehörte das Gebet "O Herr, leite mich" von J.H. Newman, welches er täglich betete und gleich mehrmals in seinen Gefängnisaufzeichnungen niedergeschrieben hat. Ebenso wichtig war für ihn das Beten zum Heiligen Geist. Wie intensiv sein Gebetsleben während der Gefängniszeit jedoch tatsächlich gewesen ist, beweist erst seine persönliche Tagesordnung, die er sich zusammengestellt hatte. Dort heißt es: "Pünktlich beim Glockenzeichen 6 Uhr mit einem Stoßgebet aufgestanden. Morgenweihe und Morgengebet der PSM, hl. Meßopfer mit hl. Kommunion in Sehnsucht im Kapellchen! – 7 Uhr Frühstück! Reinigung der Zelle, Betrachtung! 8 Uhr Inscriptio-Rosenkranz, eine halbe Stunde geistliche Lesung, anstatt des Breviers während des Vormittags drei Rosenkränze ..."[189] In dieser Weise geht die Tagesordnung bis zum Abend weiter, dann folgten drei bis vier Stunden Schlaf, bis er sich wieder um Mitternacht zu einer Viertelstunde Anbetung erhob.

Neben seinem reichen Gebetsleben und seinem ausgeprägten Vorsehungsglauben stützte sich Pater F. Reinisch in seiner Entscheidungssituation auch besonders auf den Rat ihm vertrauter Personen. Da auf diesen Punkt schon im ersten Teil dieses Buches näher eingegangen worden ist, soll an dieser Stelle nur noch kurz etwas zu seinem Verhältnis zu der Person gesagt werden, deren Meinung ihm am meisten bedeutete: es ist die Rede von Pater J. Kentenich. Mehrmals weist Pater F. Reinisch in seinen Aufzeichnungen darauf hin, daß nur einer ihn von seinem Entschluß abbringen könne, und das sei Pater J. Kentenich. Wie ist das zu verstehen, daß er sich dieser Person so restlos auslieferte und ihr sogar gestattete, in seine persönliche Gewissensentscheidung einzugreifen? An einer Stelle schreibt er: "Für meinen Schritt trägt P. Kentenich die Verantwortung. Seine Briefe waren mir wohl eine große Beruhigung und eine gewisse Bestätigung"[190], dann führte er jedoch weiter: "Aber schließlich trage ich die Verantwortung einzig und allein, weil mein Schritt auf einem freien und ungezwungenen Entschluß beruht."[191] Dieses Zitat bestätigt, wie sehr Pater Reinisch Pater J. Kentenich als seinen geistigen und geistlichen Führer geschätzt hat und welche Bedeutung er seinen Hinweisen zusprach. Aufgrund der obigen Feststellung, daß Pater Reinisch einen ausgeprägten Vorsehungsglauben gehabt hat, liegt die Vermutung nahe, daß er sich gerade durch Pater Kentenich besonders von Gott angesprochen gefühlt hat, d.h. er sah hinter seinen Hinweisen und Ratschlägen nicht nur eine rein menschliche Stellungnahme. Diese Behauptung wird durch eine Zeugenaussage eines Mannes gestützt, der sowohl Pater Kentenich als auch Pater Reinisch sehr gut gekannt hat. Dieser Zeuge berichtet, daß P. Reinisch Pater J. Kentenich als "Gottesmann" betrachtete, "fast möchte man sagen, wie ein Orakel des Heiligen Geistes"[192]. Und weiter schreibt dieser Zeuge: "Da ihm [Pater Reinisch] die Sendung Schönstatts zum bestimmenden Inhalt seines Lebens geworden war, ist begreiflich, daß er auch zu P. Kentenich, dem von Gott berufenen Gründer, in ein ungemein tiefes Verhältnis trat. Grund dessen war aber auch die Art, wie P. Kentenich sich ihm gegenüber verhielt. Er wußte recht gut, daß P. Reinisch ein frommer Priester und ein treuer Sohn der Kirche sei, der aus dem Glauben sich sein Gewissen bildete. Diese Tatsache war ihm Grund genug, die Freiheit von P. Reinisch und seine Gewissensbildung besonders hoch einzuschätzen. Er wollte darum nicht, daß andere ihn darin zu beirren suchten. Er selber tat es ja auch nicht. Gelegentlich äußerte er [P. Kentenich], P. Reinisch habe vor Gott und seinem Gewissen sich redlich das Urteil gebildet, daß er den Fahneneid auf Hitler verweigern müsse.[193] Pater J. Kentenich hat P. Reinisch also nie den direkten Rat zur Verweigerung der Eidesleistung gegeben, sondern ihn immer wieder dazu aufgefordert, sein Gewissen zu befragen und sich ganz dem Willen Gottes zu überlassen, damit ihm eine Letztentscheidung gelingen könnte. Genau nach diesem Rat hat sich Pater Reinisch gerichtet, so daß er auch sagen konnte, daß Pater J. Kentenich für seinen Schritt indirekt die Verantwortung trage.

Der soeben erwähnte Zeuge stellt aber auch gleichzeitig fest, daß Pater Reinisch seine Beziehung zu Pater Kentenich zeitweise als sehr belastend empfand. Dazu Pater Reinisch selbst: "Ich habe in Schönstatt unter P. Kentenich sehr gelitten, weil ich das Gefühl hatte, daß er mich ganz und gar durchschaute, und doch habe ich nie solche Sehnsucht nach einem Menschen verspürt wie nach ihm. Ich glaube, mehrfach bemerkt zu haben, wenn irgend etwas nicht stimmte, dann sagte er mir indirekt etwas, wodurch ich mich wirklich durchschaut glaubte. Seine Höhenlage machte mir seine ständige Gegenwart manchmal fast unerträglich schwer."[194] Aus dieser Äußerung spricht ein großer Respekt vor der Person Pater J. Kentenichs aber auch eine gewisse Scheu vor ihm. Als Ursache dieser Scheu darf die Persönlichkeit Pater Reinischs selbst angenommen werden, die schon öfters skizziert worden ist. So strebte er einerseits in seiner Radikalität hohe Ideale an, aber andererseits kapitulierte er auch immer wieder vor seiner eigenen Schwachheit, und diese Schwachheit wurde ihm vor allem in der Gegenwart Pater Kentenichs bewußt. Wie sehr dieser Charakterzug mit seiner Entscheidung zur Eidverweigerung zusammenhängt, ist Thema des nun folgenden Abschnittes.

2.3.2. Heiligkeitsstreben und Opfergedanke bei Franz Reinisch

Schon häufig ist in diesem Buch auf den Hauptcharakterzug Pater F. Reinischs eingegangen worden, den er selbst mehrfach erläutert hat, wie zum Beispiel hier gegenüber Pfarrer Kreutzberg: "Überhaupt muß ich Ihnen gestehen, daß ich ein Mensch bin, der immer aufs Ganze geht. In meinem zweiten Noviziatsjahr war ich soweit, daß mein Novizenmeister mir sagte, nun dürfe ich meine Hand ausstrecken nach außergewöhnlichen Gnaden. Daraufhin las ich mystische Bücher und las von Geißelung und Dornenkrönung usw. bei manchen Heiligen. Diese Lektüre bedeutete für mich eine ungeheure Erschütterung. Ich sagte mir, das kann ich nicht. Sofort gab ich mein hochgemutes Streben auf und ließ gewaltig nach in meinem inneren Ringen."[195] Dieser Charakterzug, der einerseits von Radikalität und andererseits von Schwachheit zeugt, wirft zwei konkrete Fragen hinsichtlich der Entscheidung Pater F. Reinischs zur Eidverweigerung auf. Angesichts seiner Radikalität und seines stürmischen Draufgängertums stellt sich die Frage, warum er sich nicht für eine offensivere oder auch effektivere Art des Widerstandes – gedacht ist hier zum Beispiel an das

Verbreiten von Flugblättern, die Informationsweitergabe an das Ausland, das Retten von jüdischen Mitbürgern vor den Konzentrationslagern, die Mitwirkung in Widerstandskreisen, die einen Umsturz des Regimes vorbereiteten o.a. – gegen das nationalsozialistische Regime entschieden hat, sondern für diese Form der Selbstaufopferung, die, wie der Kriegsgerichtsrat von Würzburg es ausdrückte, weder dem wirklich nutzen konnte, was ihm heilig und wert war, noch dem nationalsozialistischen Regime ersichtlichen Schaden zufügen konnte. Bei dieser Frage geht es also in Anlehnung an den Rat Pater J. Kentenichs, sein Leben möglichst teuer zu verkaufen, darum, ob Pater F. Reinisch sein Leben letztlich nicht doch zu billig hergegeben hat. Was erhoffte er sich persönlich von dieser Form der Lebenshingabe?

Die zweite Frage, die angesichts seines Charakterzuges der Schwäche gestellt werden kann, ist, wie er die bis an die Grenzen des Äußersten gehende lange und harte Gefängniszeit bewältigen konnte. Er selbst hatte Angst gehabt vor einer langen Gefängniszeit, die ihn in seiner Entschlußkraft schwächen konnte. Trotzdem ist es ihm gelungen, treu zu seinem einmal klar erkannten Entschluß zu stehen, in dem er die Erfüllung seines persönlichen Lebensideals: "Als liebeglühender Schönstatt-Apostel leben und sterben!" sah. Was gab ihm die Kraft dazu, in dieser extremen Lebenssituation, aus der er sich selbst hätte befreien können, seine persönliche Schwachheit zu besiegen?

Zu der Beantwortung der ersten Frage lassen sich ganz konkrete Hinweise in der Tagebucheintragung Pater Reinischs vom 1. März 1941 finden, die durch seine Gefängnisaufzeichnungen deutlich bestätigt werden. Aufgrund dieser Hinweise erkennt man sofort, daß Pater F. Reinisch auf keinen Fall gewillt war, sein Leben einfach wegzuwerfen, sondern daß er sich durchaus gefragt hat, was er durch seine

Lebenshingabe ganz konkret erreichen oder gewinnen könnte. Im Gegensatz zu den Überlegungen des Kriegsgerichtsrates befinden sich seine Zielvorstellungen jedoch auf einer ganz anderen Ebene, so daß er diesem auch entgegnete, daß die Menschen seinen Schritt vielleicht nicht verstehen könnten, um so besser würde ihn Gott verstehen. Auf sein Leben zurückblickend formulierte er nun am 1.3.1941: "Zweimal wurde ich in entscheidenden Augenblicken schwach, wo ich glaubte, für mich persönlich stark zu sein. Ob nun das Kommende die dritte und letzte Möglichkeit ist?"[196] Nach diesen Worten sah Pater Reinisch in der Eidverweigerung seine möglichenfalls letzte Chance, seine persönliche Schwachheit zu besiegen und doch noch sein persönliches Lebensziel zu erreichen, welches er in der Führung eines "heroischen Priesterlebens" sah, wie er es ein paar Zeilen später ausdrückte. Seiner Ansicht nach war er jedoch zu schwach, "um dauernd ein heroisches Priesterleben zu führen"[197], so daß er sich für diesen Weg der einzelnen Tat entschloß. Er war sich bewußt, daß dieser Weg im Prinzip eine Flucht vor seinen eigenen Schwächen und Unzuverlässigkeiten darstellte, jedoch war er gleichfalls der Ansicht, daß er durch diesen Schritt der freiwilligen Lebenshingabe so viel gewinnen könnte, wie er durch ein mehr oder weniger mittelmäßiges Priesterleben wahrscheinlich nie erreichen könnte. So schrieb er zum Beispiel: "Ich setze mich für Glauben und Heimat besser durch diese Todesart ein", oder: "Endlich durch diesen Tod ein Apostolat zu erfüllen, wie ich es sonst kaum besser betätigen könnte, macht mir wiederum dies liebenswert."[198] Er sah also in seiner Lebenshingabe einen Weg, um zu einer persönlichen Vollkommenheit oder wie er es auch selbst ausdrückte "Heiligkeit" zu gelangen, und zweitens sah er darin eine Möglichkeit, sich für den Glauben und für seine Heimat einzusetzen. Weil er davon überzeugt war, daß das Diesseits und das Jenseits eine organische Einheit bilden, hegte er auch keinen Zweifel daran, daß er "durch und nach" seinem Tode für die Menschen fruchtbar wirken könnte. Aus dieser Haltung heraus formulierte er auch den folgenden Satz: "Gerade in dieser Stadt, darf ich zur Fackel der Liebe und des Friedens werden, die nun in die weite Welt hinausgeschleudert wird, um ein Flammenmeer der Herz-Jesu und Herz-Mariae-Liebe zu entfachen. In dieser Stadt, von wo aus die Fackel des Hasses und des Völkerkrieges in die Welt hinausgeschleudert wurde."[199] Dieser Opfergedanke Pater F. Reinischs zieht sich durch seine gesamten Aufzeichnungen und findet seinen Höhepunkt in seinen Meditationen zum "Geheimnis der gekreuzigten Liebe". Anhand dieser Betrachtungen zum Kreuzweg Jesu kann sowohl sein Streben nach Heiligkeit als auch sein Opfergedanke näher erläutert werden. So erklärte er in diesen Meditationen, was er unter Heiligkeit verstand. Heiligkeit war für ihn die gehorsame Erfüllung des Willens Gottes, denn nur durch den Gehorsam gegenüber Gott könnte sich ein Mensch wirklich selber ganz loslassen (Ichentbundenheit) und Gott gehören (Gottgebundenheit). Und erst dann, wenn ein Mensch ganz Gott gehöre, könne er auch wirklich zu sich selber finden, so wie es im Zweiten Korintherbrief heißt: "Ist somit jemand in Christus, so ist er ein neues Geschöpf (2 Kor. 5,17)". Darin sah er "das Wertvollste und Letzte, was der Mensch zu geben und zu leisten imstande ist"[200]. Am Ende seiner Meditationen faßte er diese Gedanken in dem Ausdruck "Inscriptio cordis in Cor Jesu et Mariae!"[201] zusammen, der bedeutet: Einschreibung des gläubigen Herzens in das Herz Jesu und in das Herz Mariens. Damit wollte er eine Grundhaltung des Menschen umschreiben, die er in dem Apostel Johannes und der drei Frauen unter dem Kreuz Jesu verwirklicht sah und nach der jeder Mensch streben sollte. Diese Grundhaltung war für ihn "ein Seelenzustand, eine Seelenhöhenlage, die stets erfüllt ist vom heroischen und kindlichen Vorsehungsglauben und von der Sehnsucht, für Gott, für den Heiland sich ganz hinzuopfern. Denn 'niemand hat eine größere Liebe, als wer sein Leben hingibt für seine Freunde (Joh. 15,13; 1 Joh. 3,16)', für seinen Gott des Herzens, das heißt: Man drängt nicht seinen eigenen Willen Gott auf, daß er unser Leben sogar nehmen muß, sondern es ist die Bitte der sehnsuchtsvollen, heroischen, kindlichen Leidensliebe: 'Du weißt, o göttlicher Heiland, o himmlischer Vater, was ich vermag, was ich aushalten kann. Wenn es deinen Plänen entspricht, laß mich sogar mein Leben für dich und dein Werk hinopfern, und zwar in jeder Form'."[202] Diese Worte Pater F. Reinischs, die wie eine Zusammenfassung seines persönlichen inneren Strebens klingen, unterstreichen nochmals die obige Feststellung, wie sehr er sich darum bemüht hat, nicht nach seinem persönlichen Willen zu handeln, sondern nach dem Willen Gottes. Er wollte in sich selber Gott so viel Raum geben wie nur eben möglich. Und noch ein weiterer Aspekt wird hier beleuchtet, auf den bislang noch nicht eingegangen worden ist, weil er vielleicht als zu selbstverständlich vorausgesetzt worden ist. Gemeint ist, daß Pater F. Reinisch durch seine Lebenshingabe Gott seine Liebe beweisen wollte. So schrieb er am 4. Juli 1942: "Alles hatte nur einen Sinn: die Liebe zu Gott zu suchen, zu finden und zu üben, zu leben ... Allmählich wurde das Wort lebendig: 'Alles aus Liebe, nichts aus Zwang'."[203] Und aus dieser Liebe heraus wollte Pater F. Reinisch auch teilhaben an dem Leiden Jesu; in dem obigen Zitat hat er deshalb auch von einer "Leidensliebe" gesprochen, und an einer anderen Stelle schrieb er, daß die Leidensgemeinschaft mit Christus um so gewaltiger wird, je größer die Liebesgemeinschaft ist.

Aber nicht nur aus Liebe zu Gott wollte er sein Leben aufopfern, sondern auch aus Liebe zur Menschheit. Er sah in seinem Lebensopfer einen Sühneakt für die Sünden in der Welt und einen Einsatz für eine "neue Blütezeit der Kirche"[204]. Und für diese neue Blütezeit der Kirche wollte er gemäß seinem Grundsatz, daß jede Gnade Opfer verlangt, durch sein Lebensopfer Gnaden erringen. Hier tritt deutlich die geistige Welt Schönstatts hervor, von der Pater Reinisch hoffte, daß sie eine große Rolle auf dem Weg zu einer neuen Blütezeit der Kirche spielen würde. Im ersten Teil des Buches ist schon darauf hingewiesen worden, daß Schönstatt ein Gnadenort ist, der nur dann fortbestehen kann, wenn es immer wieder einzelne gibt, die sich ganz dafür einsetzen gemäß dem Ideal der Schönstatt-Gründergene-ration: "Alles für die religiös-sittliche Erneuerung der Welt, und zwar auf dem Wege des Opfers, der Nachfolge Christi, ja sogar der Bereitstellung des eigenen Lebensopfers." Da Pater F. Reinisch an vielen Stellen schreibt, daß er sein Leben für Schönstatt aufopfern will, und er diesen Weg ohne Schönstatt nie gegangen wäre, kann in diesem Ideal der Schönstatt-Gründergeneration das zusammengefaßt gesehen werden, was er im Tiefsten gewollt und auch gelebt hat.

Aufgrund dieser Ausführungen kann sicherlich mit Recht behauptet werden, daß Pater F. Reinisch sein Leben keinesfalls leichtsinnig oder billig hergegeben hat, sondern sowohl für sich persönlich als auch für den Glauben und die Kirche durch diese Lebenshingabe viel zu gewinnen hoffte.

Zu Beginn dieses Abschnittes ist noch eine zweite Frage gestellt worden, auf die nun abschließend eingegangen werden soll. Diese Frage konzentrierte sich darauf, wie Pater F. Reinisch, der sonst immer unter seiner persönlichen Schwachheit gelitten hatte, die lange und harte Gefängniszeit bewältigen konnte, ohne in seinem Entschluß wirklich wankend zu werden. Was gab ihm die Kraft dazu, seine Schwachheit nun zu besiegen? Oben ist festgestellt worden, daß Pater F. Reinisch die Sache der Eidverweigerung auch als seine möglichenfalls letzte Chance in seinem Leben betrachtete, um seine persönliche Schwachheit zu besiegen und ganz seinem hohen Lebensideal eines heroischen Priesterlebens gerecht werden zu können. Da er schon auf zwei ungenutzte Chancen in seinem Leben zurückblickte, kann man sich vorstellen, daß er nun seine ganzen Reserven und Kräfte mobilisierte, um nicht diese möglichenfalls letzte Chance auch noch ungenutzt verstreichen zu lassen.

Pater F. Reinisch selbst beruft sich in der Frage, was ihm im Gefängnis Kraft und Hilfe gegeben hat, auf eine ganze Reihe von Aspekten, die in zwei Gruppen aufgeteilt werden können. So spricht er einerseits von Kraftquellen übernatürlicher oder göttlicher Art und andererseits von Menschen, die ihm Kraft und Mut zusprachen. Unter diesen Menschen verstand er an erster Stelle seine Eltern, die ihn durch Briefe zu stärken versuchten, und an zweiter Stelle Pfarrer Kreutzberg, mit dem er sich auf gleicher Ebene über seine Angelegenheit aussprechen konnte. Mehr menschlichen Beistand erhielt er nicht.

Nach seinen eigenen Aussagen zu urteilen, gaben ihm jedoch seine persönlichen Gotteserfahrungen während dieser Zeit die eigentliche Kraft und Stärkung. So schrieb er zum Beispiel: "In Wahrheit ist es der Heilige Geist, der in mir bisher sieghaft gekämpft hat, und der sieghaft das begonnene Werk zu Ende führt. Der Hl. Geist ist es, der meiner Schwachheit zu Hilfe kommt und bisher auch zur Seite stand (Röm. 8,26)."[205] Wie oben schon im Zusammenhang mit der Gerichtsverhandlung erwähnt, erfuhr er also besonders durch das Gebet zum Heiligen Geist göttliche Kraft und Stärkung. Ferner gehörten zu seinen Kraftquellen das Neue Testament, welches er mehrmals als sein "Trostbuch" bezeichnete, der Rosenkranz, das Gebet von J.H. Newman "O Herr leite mich", die Betrachtung des Kreuzweges, die tägliche Sterbeübung bzw. geistliche Krankensalbung, die ihm zusätzlich ein Gefühl der Sicherheit gab, das Leben einer festen und "gottgefälligen" Tagesordnung und in besonderer Weise die Anwesenheit Gottes im eucharistischen Sakrament in seiner kleinen Zelle seit dem 25. Juni 1942. Mittels dieser Kraftquellen versuchte er sich täglich immer tiefer in die Inscriptio-Haltung einzuleben und auf diese Art und Weise Gott immer mehr Raum in sich zu geben, um letztlich nicht seinen eigenen subjektiven Willen, sondern den göttlichen Willen zu erfüllen. Aufgrund der Tatsache, daß Pater F. Reinisch die lange Gefängniszeit unter Berufung auf übernatürliche Hilfe so ungebrochen und fest entschlossen bewältigt hat, legt er Zeugnis ab für die Wirksamkeit Gottes in unserer Welt.

Schlußbetrachtungen

War Franz Reinisch ein Widerstandskämpfer?

Auf der Suche nach der historischen Bedeutung Pater Reinischs ist die Frage, ob er in die Reihe der Widerstandskämpfer gegen das Hitler-Regime eingeordnet werden kann, nicht unangemessen. Angesichts der breit geführten Diskussion über das Thema Widerstand in der historischen Forschung, den vielen unterschiedlichen Begriffserklärungen, Stufen- und Phasenmodellen fällt es nicht leicht, mit diesem Begriff zu operieren. Was ist Widerstand? Ist Widerstand schon das Erzählen eines politischen Witzes, in dem eventuell eine Kritik an den Machthabern verborgen ist, oder das Äußern von Unmut gegenüber dem Regime, der versteckte oder öffentliche Protest, die Sabotage, das Verbreiten von regimefeindlichen Schriften, oder verdient nur das Attentat vom 20. Juli 1944 auf den Tyrannen Hitler die Bezeichnung Widerstand? Da an dieser Stelle nicht die gesamte Bandbreite der Widerstandsdiskussion aufgerollt werden kann, sollen hier zwei Modelle herausgegriffen werden, die einerseits die aktuelle Forschung widerspiegeln und andererseits auf Pater F. Reinisch am ehesten angewandt werden können. Es handelt sich um den Resistenz-Begriff des Historikers Martin Broszat und das Vier-Stufen-Modell der Historiker K. Gotto, H.G. Hockerts und K. Repgen. M. Broszat führte in die Widerstandsdiskussion den Begriff Resistenz für den schon sehr strapazierten Ausdruck Widerstand ein, den er folgendermaßen definiert: Resistenz ist "wirksame Abwehr, Begrenzung, Eindämmung der NS-Herrschaft oder ihres Anspruches, gleichgültig von welchen Motiven, Gründen und Kräften her"[206]. Solche Resistenz konnte zum Beispiel darin begründet sein, daß man den Fortbestand einer eigenständigen Institution sichern wollte, und sich so dem Gleichschaltungsdruck des nationalsozialistischen Regimes widersetzte, wodurch dieses gleichzeitig in seinem Herrschaftsanspruch eingeschränkt wurde. Die Einschränkung des Herrschaftsanspruches ist die einzige Bedingung für die Erfüllung dieses Resistenz-Begriffes.

An der katholischen Kirche kann ein derartiges Resistenz-Verhalten genau nachgewiesen werden: so widersetzte sie sich dem Gleichschaltungsdruck der nationalsozialistischen Machthaber, was ihr die Wahrung der eigenen Identität und den Fortbestand als gesellschaftliche Institution sicherte, und gleichzeitig schränkte sie dadurch die nationalsozialistische Herrschaft ein. Dieses Verhalten der Kirche brachte es jedoch auch mit sich, daß sie sich sehr stark auf ihre eigene Institution und deren Erhalt konzentrierte, meistens nur dann öffentlich protestierte, wenn kirchliche Rechte oder Mitglieder der Kirche angegriffen worden waren, darüber hinaus es aber versäumte, genauso öffentlich auch für andere Menschen, wie zum Beispiel gerade die Juden, einzustehen. Damit ist nicht gleichzeitig gemeint, daß sie auf nicht-öffentlichen bzw. privaten Wegen auch nichts für die Juden getan hätte. Eine solche Behauptung würde der katholischen Kirche sicherlich nicht gerecht werden.

In welcher Weise kann der Resistenz-Begriff nun auf Pater F. Reinisch angewandt werden? Im ersten Teil dieses Buches wurde versucht, mit Hilfe der Zeugenaussagen etwas mehr Licht in die Priesterjahre Pater Reinischs während der nationalsozialistischen Herrschaft zu bringen. In diesen Jahren wirkte er auf verschiedenen Seelsorgsposten, seit 1938 war er in Schönstatt tätig, 1940 erhielt er das Redeverbot durch die Gestapo, so daß er darauf im Untergrund weiterarbeiten mußte. Meiner Meinung nach trifft auf sein Verhalten in dieser Zeitspanne der Begriff Resistenz eindeutig zu. Als Ergebnis der obigen Darstellung dieser Jahre im Leben

Pater Reinischs konnte festgehalten werden, daß er sich als Priester ständig darum bemüht hatte, die Menschen genau über das nationalsozialistische Regime und die dahinterstehende Ideologie aufzuklären, sie gleichzeitig im Glauben weiterzubilden und zu festigen versuchte, und dadurch sie an eine klare Entscheidung zwischen Nationalsozialismus und Christentum heranführen wollte. Anders ausgedrückt heißt dieses, er versuchte bei dem einzelnen das, was die amtliche Kirche für die Allgemeinheit der Gläubigen vermeiden wollte, und zwar weckte er in den Gläubigen den viel beschriebenen Grundkonflikt und half ihnen, diesen durch eine klare und eindeutige Entscheidung zwischen Nationalsozialismus und Christentum zu lösen. Viele Zeugen sagten aus, daß sie ohne Pater F. Reinisch den Nationalsozialismus nicht so schnell durchschaut hätten. Dadurch daß Pater Reinisch sich also bemühte, die Menschen in ihrer gläubigen Haltung zu stabilisieren, damit sie nicht den nationalsozialistischen Verführungen zum Opfer fielen, arbeitete er gegen den Gleichschaltungsdruck des nationalsozialistischen Regimes an und schränkte dessen Herrschaftsbereich ein, womit die einzige Bedingung, die zur Verwendung des Resistenz-Begriffes erfüllt sein muß, gegeben ist. In gleicher Weise trifft der Resistenz-Begriff auch auf seine Eidverweigerung zu, da er durch diese dem nationalsozialistischen Regime mit seinem Machtstreben eine ganz deutliche Absage erteilte. Seine eigene Person, für die er ja auch nur sprechen konnte, wollte er nicht in den Dienst dieses Regimes stellen, so daß es keine Macht über ihn erringen konnte. Dadurch schränkte er den Herrschaftsanspruch der Nationalsozialisten im Bezug auf seine Person ein. Nach dem Resistenz-Begriff von M. Broszat hat Pater Reinisch also eindeutig Widerstand geleistet. Übersehen werden darf jedoch nicht, daß der Maßstab für Widerstandshandeln bei dieser Begriffsbestimmung sehr niedrig angelegt ist.

Anders verhält es sich da bei dem Vier-Stufen-Modell der Historiker K. Gotto, H.G. Hockerts und K. Repgen. Im Gegensatz zu M. Broszat, der als Grundkriterium für die Anwendung seines Resistenz-Begriffes die Einschränkung des Herrschaftsanspruches benennt und damit am Erfolg mißt, was Widerstand ist oder nicht ist, erheben Gotto, Hockerts und Repgen zu ihrem Grundkriterium die Frage, ob ein bestimmtes Verhalten Risikocharakter hatte oder nicht. Diesem Risiko-Kriterium entspricht ein sehr weit gefaßter Widerstands-Begriff, da aufgrund des totalitären Anspruches der nationalsozialistischen Machthaber kleine und unbedeutende Verhaltensweisen schon staatliche Sanktionen nach sich ziehen konnten. Aufgrund dieser breiten Spanne des Widerstands-Begriffes unterscheiden Gotto, Hockerts und Repgen vier Stufen des Widerstandes: zur untersten Stufe zählen sie Äußerungen punktueller Unzufriedenheit aus unterschiedlichen Gründen. Auf der zweiten Stufe siedeln sie Begriffe wie "Resistenz", "Nicht-Anpassung" und "Selbstbewahrung" an. In gleicher Weise wie M. Broszat fassen sie auf dieser Stufe das Verhalten zusammen, welches der Herrschaftseinschränkung durch Nicht-Anpassung diente und gleichzeitig die Eigenständigkeit und die Identiät einer sozialen Einheit schützen konnte. Auch Gotto, Hockerts und Repgen ordnen das Verhalten der katholischen Kirche in diesem Bereich ein. Die nächst höhere, die dritte Stufe, umfaßt jeden öffentlichen oder mit der Androhung von Flucht in die Öffentlichkeit erhobenen Protest. Diese Widerstandsform ist im Gegensatz zu denen der ersten und zweiten Stufe, die als defensive Formen zu betrachten sind, als Offensive gegen das Regime zu verstehen. Wenn sich dieser Protest nicht nur gegen partielle Erscheinungsformen richtete, konnte er nach Gotto, Hockerts und Repgen zum generellen Loyalitätsbruch führen. Auch Mitglieder der amtlichen Kirche haben öffentlichen Protest erhoben, wenn man zum Beispiel an die Predigten von Kardinal von Galen oder an die Enzyklika "Mit brennender Sorge" von Papst Pius XII. denkt, jedoch haben diese Proteste nicht zu einem generellen Loyalitätsbruch geführt (s.o.). Und schließlich als Widerstandsformen der vierten Stufe gelten nach Gotto, Hockerts und Repgen die Formen des aktiven Widerstandes; darunter verstehen sie "alle Aktivitäten die auf politischen Umsturz des Regimes hin orientiert"[207] waren und also nicht nur ein partielles, sondern ein generelles Nein zum Regime bedeuteten.

Auch nach diesem Verständnis von Widerstand, wie es Gotto, Hockerts und Repgen äußern, kann das Verhalten Pater F. Reinischs eindeutig als Widerstandshandeln klassifiziert werden. Gleich mehrfach hat er durch sein Verhalten das Risikokriterium erfüllt. So durch seine offene und unerschrockene Rede in Vorträgen und Predigten, die durch das Redeverbot sanktioniert wurde, dann durch die Fortsetzung seiner Tätigkeit im Untergrund und schließlich in besonderer Weise durch die Eid- und Wehrdienstverweigerung. Und mit dieser Eid- und Wehrdienstverweigerung ging er nicht nur ein tödliches Risiko ein, sondern er konnte sich über die tödliche Konsequenz sicher sein. So sagte er auch zu dem Kriegsgerichtsrat in Würzburg, daß er den Tod für sein Verhalten bereits in Rechnung gestellt hätte. Innerhalb des Vier-Stufen-Modells kann sein Verhalten sowohl zu den Widerstandsformen der zweiten als auch der dritten Stufe gerechnet werden. Da durch die zweite Stufe prinzipiell dasselbe ausgedrückt wird wie durch den Resistenz-Begriff M. Broszats, braucht an dieser Stelle darauf nicht mehr näher eingegangen zu werden. Aus welchen Gründen kann jedoch sein Verhalten als öffentlicher Protest gelten? Zum einen beweist das Redeverbot, daß er öffentlich gegen das nationalsozialistische Regime gesprochen hatte; zum anderen kann auch in seiner Eidverweigerung ein öffentlicher Protest gegen das nationalsozialistische Regime gesehen werden. Jede

Art von Verweigerung ist im Grunde eine Protestäußerung. Er selber sprach ja auch davon, daß er durch seine Eidverweigerung gegen den Mißbrauch der Autorität protestieren wollte. Und mit F. Kloidt kann an dieser Stelle nochmals wiederholt werden, daß Pater F. Reinisch eigentlich in der Rolle des Anklägers und nicht des Angeklagten vor dem Reichskriegsgericht aufgetreten war, denn hier protestierte er öffentlich gegen das nationalsozialistische Regime.

Als Resultat der vorausgehenden Untersuchung kann Pater F. Reinisch ohne weiteres dadurch seine historische Bedeutung zugewiesen werden, daß er in die Reihe der Widerstandskämpfer gegen das nationalsozialistische Regime eingeordnet wird.

Pater F. Reinisch – Jenseits von Für und Wider

Eine andere Frage ist, ob die Einschätzung Pater Reinischs als Widerstandskämpfer seiner Person gerecht werden kann. Der Kirchenhistoriker H. Hürten weist daraufhin, daß der Begriff Widerstand, den die Historiker verwenden, ein politischer und nicht ein theologischer oder religiöser Begriff ist. Aus diesem Grund kann dieser Begriff auch nur die politische Dimension kirchlichen Verhaltens während der nationalsozialistischen Zeit erfassen, die danach fragt, was die Kirche getan hat, um das Regime Hitlers zu beeinträchtigen oder sogar zu beseitigen. Anhand des Grundkriteriums von M. Broszat, welches nur nach der Machteinschränkung des Regimes fragt, wird dieses besonders deutlich. H. Hürten fragt weiter, ob mit diesem politischen Begriff wirklich das ausgedrückt werden kann, was das Schicksal und die Leistung der Kirche unter Hitler ausgemacht hat. Gibt es nicht noch eine ganz andere Dimension, die durch Begriffe wie

Zeugnis, Bekenntnis zu Christus und seiner Kirche und durch Martyrium beschrieben wird? H. Hürten hat festgestellt, daß diese Begriffe die eigentlichen Leitideen der kirchlichen Reaktion gegenüber dem nationalsozialistischen Regime darstellten, der Begriff Widerstand sei dagegen kaum benutzt worden. Auch Pater F. Reinisch spricht an keiner Stelle von Widerstand, sondern er war bemüht, sein Handeln aus dem politischen Bereich herauszuhalten (s.o.). So schrieb er in seiner Schlußerklärung: "Der Verurteilte ist kein Revolutionär; er ist ein katholischer Priester, der die Waffen des Geistes und des Glaubens gebraucht. Und er weiß, wofür er kämpft."[208] Damit gilt die Aussage von H. Hürten in besonderer Weise auch für Pater F. Reinisch. Sein Handeln kann nicht wirklich durch einen politischen Widerstandsbegriff erfaßt werden, da es ein Handeln religiöser Art war. Aus diesem Grund darf sein Handeln auch nicht wesentlich am "irdischen Erfolg"[209] gemessen werden, wie er es selber ausdrückte, sondern sein Erfolg liegt jenseits dieser menschlichen Dimension, er liegt jenseits von jedem menschlichen Abwägen von Vor- und Nachteilen, Gewinn- und Verlustvorstellungen. Aus diesem Grund trägt dieser Abschnitt die Überschrift "Pater F. Reinisch – Jenseits von Für und Wider". Mit diesem Für und Wider ist das menschlich-politische Abwägen von Vor- und Nachteilen gemeint, ein Abwägen unter Mißachtung der religiösen Dimension, allein auf menschlicher Reflexion beruhend. Pater F. Reinischs Entscheidung beruhte jedoch nicht auf dieser Art von Reflexion, sondern er fühlte sich durch Gott zu dieser Entscheidung gedrängt. Er wollte nicht seinem subjektiven Willen folgen, sondern dem göttlichen Willen. Und demzufolge lagen auch seine Zielvorstellungen, die er mit seiner Entscheidung verband, jenseits der menschlichen Kategorien von Erfolg und Mißerfolg. Sein Gewinn ist allein auf übernatürlicher Ebene zu suchen. Auf diesem Wege hoffte er, erstens seine persönliche Vollkommenheit bzw. Heiligkeit zu erreichen, um, wie er sagte "sieghaft" zum Vater heimzukehren. Zweitens wollte er durch diese Todesart zu einem Liebes- und Sühneopfer für die Menschen werden und dadurch Gnaden für eine neue Blütezeit der Kirche erringen. Und drittens gedachte er durch sein Lebensopfer vor der Welt "ein lebendiges Bekenntnis für Christus"[210] abzulegen. Dieser Bekenntnischarakter kommt besonders deutlich in seinem "Hohelied" zum Ausdruck, welches er am 5. Juli 1942 im Gefängnis verfaßt hat. Er schrieb:

"Mein Lebensopfer soll ein Hoheslied werden auf

1. Die Würde des Menschen: innere Freiheit, ausreifend bis zur Freiheit der Kinder Gottes!

2. Wert des Menschen: Gotteskind, nicht bloß Kind des Blutes.

3. Unsterblichkeit der Seele.

4. Das Wirken nach dem Tode = der Glaube an die große Segensfrucht des Lebensopfers.

5. Die Gnadenwelt, die mich trägt und stärkt. Also Glaube an eine übernatürliche Hilfe: MTA.

6. Glaube an den Sinn und Wert des Leidens und des Lebensopfers als Ergänzung zum Kreuzesopfer Jesu Christi.

7. Priestertum der katholischen Kirche: das geweiht und gesandt ist für die Rettung und Heiligung der Welt.

8. Die Kraft des Zölibates! Dieses Unbeschwertsein und Geborgensein in Christus.

9. Sieghafte Entscheidung für Christus und sieghaftes Verlorensein im Heiligen Geiste.

10. Glaube an die baldige Blütezeit der Kirche, die vom Kapellchen [gemeint ist das Schönstatt-Kapellchen] aus aufbrechen muß."[211]

In diesem Hohelied bekennt und ehrt Pater F. Reinisch die Glaubenswahrheiten, die er in besonderer Weise erfahren durfte. Durch seinen freigewählten Tod jedoch wird diese Form des alleinigen Bekenntnisses sogar überschritten und zu einem Zeugnis für diese Wahrheiten. Seit dem zweiten Jahrhundert nach Christus verwendet die Kirche für die Menschen, die die Ernsthaftigkeit ihres Bekenntnisses durch den Tod besiegelt haben, die Bezeichnungen "echte Zeugen" oder "Märtyrer". Durch den Märtyrertod leidet der Christ um des Glaubens willen, weil er allein treu zu Christus stehen will. Bei den ersten Märtyrern läßt sich sogar vielfach eine Sehnsucht nach dem Martyrium feststellen, wie zum Beispiel bei Ignatius von Antiochien, den Pater Reinisch auch besonders verehrte, oder bei Paulus, der in dem gewaltsamen Tod eine Gelegenheit sah, Christus zu ehren und groß zu machen (Phil. 1,20). Ferner ist für die ersten Märtyrer auch der Aspekt charakteristisch, daß sie durch ihr Leiden das Leiden Christi nachahmen wollten, um so Jesus radikal nachzufolgen. Diese Aspekte des Martyriums sind alle bei Pater F. Reinisch wiederzufinden. Auch er wollte Jesus nachfolgen und in gleicher Weise, wie dieser durch seinen Kreuzestod Gott gegenüber gehorsam war (Luk. 18,31; Phil. 2,7), durch seine Eidverweigerung Gott gegenüber gehorsam handeln. Auch er war von einer Todessehnsucht, sogar von einer kindlichen Freude auf die Gemeinschaft mit Gott erfüllt. Gleichfalls wie Paulus wähnte er in dieser Todesart eine Gelegenheit, um Christus sieghaft zu bekennen und zu ehren, und schließlich wollte auch er kein Lippenbekenntnis vor den Nationalsozialisten ablegen, so wie sich die ersten Christen weigerten, ein Lippenbekenntnis auf die heidnischen Götter des römischen Kaisers abzulegen.

In Anbetracht dieser Bezüge zum Martyrium der ersten Christen fällt es nicht schwer, Pater F. Reinisch als einen Märtyrer zu verehren und zu würdigen, ohne damit einer offiziellen kirchlichen Entscheidung vorgreifen zu wollen. Daß auf eine derartige offizielle Stellungnahme seitens der Kirche gehofft werden darf, legt die Tatsache nahe, daß der Seligsprechungsprozeß von Pater F. Reinisch eröffnet und die Gesellschaft der Pallottiner mit der "Beweisführung" betraut worden ist.

Pater F. Reinisch – Ein moderner Christ

Am Schluß dieses Buches möchte ich auf die Bedeutung Pater F. Reinischs hinweisen, die er für uns heutige Christen in besonderer Weise haben kann. Pater F. Reinisch nannte in seinem Hohelied als ersten Punkt, für den er sein Leben opfern wollte, die "Würde des Menschen" und die "innere Freiheit, ausreifend bis zur Freiheit der Kinder Gottes". In welchem Sinne können diese Aspekte auf sein Leben konkret übertragen werden? Pater F. Reinisch war ein Mensch, der durch die Einberufung zum Wehrdienst in eine Konflikt- bzw. Grenzsituation geraten war, die seine Entscheidung herausforderte. Er hätte es sich leicht machen können und diese Entscheidung, entsprechend der kirchlichen Lehre, den staatlichen oder kirchlichen Autoritäten überlassen können. Im Strom der Zeit hätte er so untertauchen und sein Leben retten können und dafür den Preis eines nicht weniger schlechten Gewissens als andere Katholiken oder Priester bezahlt. Jedoch genau dieses widerstrebte ihm. Er wollte sich weder durch die allgemeine Meinung noch durch irgendwelche Autoritäten seine persönliche Gewissensentscheidung nehmen lassen. So schrieb er zum Beispiel am 26. Juli 1942: "Ich denke, rede und handle nicht, was und weil es andere denken, reden, handeln, sondern weil das meine innere Überzeugung ist. 'Die anderen' haben für mich nur Bestätigungs- und Bekräftigungscharakter, aber keinen Pflicht- und Befehlscharakter. Z.B. die anderen Priester haben doch auch den Fahneneid geleistet, wurde mir vorgehalten."[212] Durch diese Haltung setzt er, wie er selbst betonte, ein Zeichen für die Würde und die "gesunde persönliche Freiheit" des Menschen gegenüber dem anwachsenden Massenmenschentum der Zeit. Geradezu prophetischen Charakter haben seine Äußerungen zur Entwicklung der Zeitsituation und zu Problemen, die er auf die Kirche zukommen sah. So kritisierte er als Haupttendenz der gesellschaftlichen Entwicklung das moderne Massenmenschentum, dem nur "kraftvolle Persönlichkeiten"[213] widerstehen könnten. Aus diesem Grund müßte die Kirche ihren Akzent auf die Ehrfurcht und Betonung der Persönlichkeit legen, welche es dem Menschen nur möglich machen könnte, sich selbst und seinem Glauben treu zu bleiben. Als Hauptcharakteristikum für den Christen der Zukunft nannte er die Orientierung an der göttlichen Führung bzw. am Gewissen, welche eine "wahre Kindlichkeit" gegenüber Gott erforderlich machen würde. Diese stärkere Betonung der einzelnen Persönlichkeit und auch der Einzelunternehmungen in der Zukunft forderten seiner Ansicht nach konsequenterweise auch eine neue Einstellung zum Gehorsam innerhalb der Kirche. So schrieb er: "Der Gehorsam wird in kommender Zeit eine Tugend sein, die am schwersten durchsichtig sein wird"[214] oder "Darum wird in kommender Zeit eine starke Spannung kommen zwischen gebundener Freiheit und freier Gebundenheit, zwischen Freiheit und Gehorsam ... "[215], und an anderer Stelle fügte er, wie in diesem Buch schon erwähnt, hinzu: "Es wird mehr als früher, oft zum größten Kreuz der Vorgesetzten, das Geheimnis vom zwölfjährigen Knaben im Tempel eintreten, d.h., daß Gott einzelne ruft, ihnen eine persönliche Sendung anvertraut, die verbunden ist mit einem herrischen Entscheid für Christus!"[216] In dieser starken Betonung der Einzelinitiative sah er jedoch auch eine Gefahr, die er so umschrieb: "Was früher im kath. Leben durch zu große Vermassung bei Ausschaltung der Einzelinitiative gefehlt wurde, das kann in Zukunft durch allzu starke Betonung der Einzelinitiative bei Ausschaltung der Gemeinschaft gefährdet werden."[217] Aufgrund dieser Gefahr forderte er für die Zukunft: "Freiheit, soweit als möglich, Bindung, soweit als nötig, darüber hinaus betonte, hochgradige *Geistpflege. Freiwillige* Disziplin in der Gemeinschaft gibt Geschlossenheit und Stoßkraft. Somit eine vollkommene Gemeinschaft auf Grund vollkommener Persönlichkeiten."[218] Mit diesen Worten hat Pater F. Reinisch sein Bild von Kirche und seine Vorstellung von gelebtem Christsein gezeichnet, welches er angesichts der Zeitsituation für notwendig und angemessen erachtete. Durch sein Leben und Sterben hat er in besonderer Weise Zeugnis für dieses Idealbild eines Christen in heutiger Zeit abgelegt. Er hat uns diesen mündigen, eigenverantwortlichen und innerlich ganz freien Christen vorgelebt. Dadurch kann er für uns heute zu einem konkreten Vorbild werden. In besonderem Maße kann er für uns ein Vorbild sein in persönlichen Entscheidungs- oder Konfliktsituationen, aus denen wir aufgrund der vielen unterschiedlichen Meinungen der heutigen Zeit oft keinen Ausweg finden. Er kann uns zeigen, wie man zu einer Gewissensentscheidung kommen, wie man sie prüfen und schließlich auch gegen den Strom der andersartigen Meinungen durchtragen kann.

Ganz konkret kann an dieser Stelle auf eine Person hingewiesen werden, für die Pater F. Reinisch in ganz besonderer Weise schon zum Vorbild gedient hat. Im Abschnitt 2.2.2. ist auf die anderen Kriegsdienstverweigerer unter der nationalsozialistischen Herrschaft hingewiesen worden, darunter auch auf Franz Jägerstätter. Auch dieser mußte sich gegen Angriffe von allen Seiten wehren und wurde in seiner Haltung gerade durch das Beispiel Pater F. Reinischs bestärkt, von dem ihm Pfarrer Kreutzberg, der auch ihn als Gefängnisseelsorger zu betreuen hatte, erzählte. Als Franz Jägerstätter davon hörte, sagte er: "Das habe ich mir doch immer gesagt, daß ich nicht auf einem falschen Weg sein kann. Wenn aber ein Priester sich so entschieden hat und in den Tod gegangen ist, dann darf ich das auch tun."[219] Am 9. August 1943, also ein knappes Jahr nach Pater F. Reinisch, wurde er in Brandenburg enthauptet.

Abschließend zu diesem Buch über Pater F. Reinisch möchte ich anmerken, daß noch viele Aspekte aufgegriffen und weiter ausgeführt werden könnten, zum Beispiel seine marianische Frömmigkeit, seine Haltung zum Leid, seine große Kindlichkeit und seine Vorsehungsgläubigkeit. Die Bearbeitung dieser Aspekte hätte jedoch den Rahmen dieses Buches, welches sich mehr der geschichtlichen Seite des Lebens und Sterbens Pater F. Reinischs zugewandt hat, gesprengt.

Zum Schluß möchte ich noch meine Hoffnung darauf ausdrücken, daß Pater F. Reinisch in Zukunft den Platz in unserer Geschichtsschreibung und in unserer Kirche erhält, der ihm zusteht. Mit Bedauern mußte ich immer wieder feststellen, wie stiefmütterlich er und auch die anderen Kriegsdienstverweigerer in der Aufarbeitung der deutschen Widerstandsgeschichte zum Dritten Reich behandelt worden sind, und daß nicht nur hinsichtlich der allgemein-historischen, sondern genauso auch hinsichtlich der kirchenhistorischen Seite.

Ungleich wichtiger ist mir jedoch, daß er unter uns Christen mehr bekannt wird, denn er kann uns Wegweiser und Orientierung in der heutigen Zeit sein. Auf daß nach seinem Vorbild neue Menschen werden, entsprechend 2 Kor. 5,17: "Ist somit jemand in Christus, so ist er ein neues Geschöpf. Das Alte ist vergangen, siehe, es ist neu geworden."

Anhang

Bericht Franz Reinischs über die Kriegsgerichtsverhandlung

Beginn 11.15 Uhr. Anwesend 3-5(?) Generale oder Beamte im Generalsrang, Staatsanwalt, Verteidiger, Protokollführer, ein Soldat zur Bewachung. Öffentliche Sitzung, doch niemand erschienen. Personalien durchgesprochen. Sachverhalt. Der vorsitzende Senatspräsident erklärt, es sei kindisch, daß ich einen Tag später in die Kaserne eingetreten sei, und daß ich wegen zweier Priesterseminare den Treueid verweigere. Im übrigen glaube er, daß ich rachsüchtig sein müsse wegen des Redeverbotes durch die Gestapo. Antwort: "Hohes Reichskriegsgericht! Ich achte und schätze die deutsche Wehrmacht, weil wahrhaftig religiöse und sittlich hochstehende Persönlichkeiten und nicht Massenmenschen darin vorhanden sind, und weil die deutsche Wehrmacht die Heimat vor feindlichen Angriffen beschützt hat, und weil ich auch noch am ehesten bei ihr Recht und Gerechtigkeit erwarte. Ich bitte daher, Herr Senatspräsident, mich in Geduld anzuhören. Vor allem war mein verspätetes Eintreffen in der Kaserne aus dem Prinzip heraus geschehen, daß ich die gegenwärtige Reichsregierung nicht anerkenne, und darum hat sie mir auch keinen Befehl zu erteilen. Es ist wohl nicht kindisch, wenn ich mich einsetze für zwei Priesterseminare, weil darin der Priesterstand allgemein getroffen wurde durch die Gestapo." – Werde unterbrochen: "Halten Sie hier keine politischen Propagandareden. Im übrigen sind wir kein Kirchengericht, sondern ein Kriegsgericht. Wir haben vor Ihnen gar keine Achtung, wo Sie wissen, daß es heute um den Bolschewismus geht. Sie stellen sich ein, um einen Vergleich zu gebrauchen, bei einem brennenden Haus, um Ihre Habseligkeiten zu retten, das andere mag zu Grunde gehen. Zehntausende von Ihren Mitbrüdern haben den Treueid geleistet, das ist eine Kompromittierung Ihres ganzen Standes. Sie mögen ruhig Ihre zwei Seminare haben, und das ganze deutsche Volk mag darüber zu Grunde gehen." Antwort: "Herr Senatspräsident, es geht hier um den kath. Priester, und das ist das Bedauernswerte der heutigen Regierung: ihre Doppelzüngigkeit: auf der einen Seite macht sie den kath. Priester durch die Gestapo unmöglich, auf der anderen Seite soll der Priester seinen Mann stellen." – Sofortige Unterbrechung. Er beginnt nun eine furchtbare Schimpfrede über meine Person, daß er gar keine Achtung vor mir habe. Er habe Bibelforscher vor sich gehabt, die er mehr achte und schätze als mich, darunter Kärntner und einen Tiroler mit 8 Auszeichnungen. Er fragt mich nun noch einmal, ob ich den Fahneneid leisten wolle oder nicht. Ich antwortete: "Ich müßte hier eine Unterscheidung machen." Der Senatspräsident darauf: "Ich verlange ein klares Ja oder Nein. Die Lauen werden ausgespien, steht in der Bibel. Bist du nicht für mich, so bist du gegen mich." Darauf meine Antwort, ein lautes "Nein!" – Der Staatsanwalt stellt nun den Antrag auf Todesstrafe. Verteidiger spricht kurz und ganz Nebensächliches, z.B. daß ich mich in der Einsamkeit der Zelle wohl noch anders besinnen könnte. Darauf der Senatspräsident: "R., Sie haben das Schlußwort." – "Herr Senatspräsident, ich bitte, hier Geduld zu haben. Ich will keine politische Propagandarede halten, sondern nur meinen Standpunkt klären." Der Senatspräsident unterbricht: "Sie sind ein stolzer Mensch. Es soll Ihnen auch noch gesagt sein, daß den Geistlichen vom Staate ihre Gehälter gezahlt werden. Was wird der Papst machen mit seiner kath. Kirche, wenn die Kirche keine Gehälter mehr vom Staate bekommt? Sie könnte einpacken. Und nun R., was haben Sie noch zu sagen?" Meine Antwort: "Auf Grund dieser Ausführungen erkläre ich – Nein! ich werde den Treueid nicht leisten."

(aus: Märtyrer I, 50f.)

Schlußerklärung Franz Reinischs zu seinem Todesurteil

Zum Feldurteil vom 7. Juli 1942 in der Strafsache gegen den Soldaten Franz Reinisch 3./San.Ers.Abt. 13 Bad Kissingen, bittet der Verurteilte, folgende Schlußergänzung machen zu dürfen.

Da es heute im Kampfe gegen den Bolschewismus um die Erhaltung des christlichen Glaubens und der deutschen Heimat geht und, wie in der Hauptverhandlung der Herr Senatspräsident selbst erklärt, auch um die Erhaltung des christlichen Abendlandes, so glaubt der Verurteilte unerschütterlich an seiner bisherigen Beweisführung festhalten zu müssen. Denn es wird die *Kriegszeit* vornehmlich dazu benutzt, um in der Heimat den Glauben an den Gott-Menschen Jesus Christus – wie es ungezählte Beispiele beweisen – dem Volke und besonders der Jugend aus dem Herzen zu reißen, wodurch die Soldaten an der Front – durch ihren Urlaub wie durch die Briefe ihrer Angehörigen belehrt – in ihrer Wehrkraft gewaltig erschüttert werden. Aus Rußland kamen Fronturlauber wie Verwundete, durchweg Familienväter, und erklärten mir: "Was hat unser Kämpfen für eine Sinn? Wir kämpfen *gegen* den Bolschewismus des Auslandes, *für* den Bolschewismus in der Heimat", z.B. Entfernung der Cruzifixe aus den Schulen, Aufhebung der Klöster und Schließung derer Kirchen usw. Der Verurteilte ist kein Revolutionär, d.h. Staats- und Volksfeind, der mit der Faust und Gewalt kämpft; er ist ein katholischer Priester, der die Waffen des Geistes und des Glaubens gebraucht. Und er weiß, wofür der kämpft! – Es läge daher nahe, daß man jene Kräfte zuerst unschädlich machen und zum Tode verurteilen müßte, die diese Zersetzung der Wehrkraft vollziehen. Da aber gerade die gegenwärtige Regierung diesen Kräften nicht im geringsten das Handwerk legt, sondern sie sogar begünstigt, so glaubt der Verurteilte durch die Verweigerung des Treueides auf die gegenwärtige Regierung *mehr* dem deutschen *Volke die Treue in seinem Daseinskampfe zu halten* als umgekehrt. –

Er ist daher gerne bereit, für Christus den König und für die deutsche Heimat sein Leben hinzuopfern, damit Christus der Herr diese antichristlichen-bolschewistischen Kräfte und Mächte des Auslandes wie besonders in der Heimat besiegen möge, auf daß unser Volk wieder werde: ein starkes und freies Gottesvolk inmitten der Völker des Abendlandes.

(gez.) Franz Reinisch
Berlin-Tegel, 25. Juli 1942

(aus: Märtyrer I, 107 f.)

Briefwechsel
zwischen Franz Reinisch und seinen Eltern

Berlin-Tegel, Herz-Jesu-Fest, 12.6.42
Wehrmachtsuntersuchungsgefängnis

Liebe Eltern!

Eure beiden Briefe vom 10.5. und 19.5. haben mich in Berlin erreicht und waren für mich eine leidvolle Freude und ein freudvolles Leid. Freude und Leid gehören ja auf Erden stets zusammen.

Freude: weil der Dreifaltige Gott mir in Euch so gute, tiefgläubige Eltern gegeben. Darum sage ich täglich dafür ein herzliches Deo gratias. Leid: weil Ihr in Euren alten Tagen meinetwegen so viel Leid zu tragen habt. Wie kraftvoll klingt hier Papas Wort (19.5.): Nur im Kreuz ist Heil, Glück und Segen. Darum vertraue ich auf Gottes Führung, daß Ihr alles mit Gottes Hilfe und Beistand geduldig ertragt. Gottes Pläne sind ja oft so geheimnisvoll, daß sie erst in der Ewigkeit verstanden werden.

Wie geht es mir? So liegt die bange Frage auf Euren Lippen. Darauf gebe ich freudig das Wort St. Pauli wieder: "Ich vermag alles in dem, der mich stärkt." Wie schön und trostvoll klingt für mich hier wieder Papas Wort: "Nur die Erfüllung des göttlichen Willens bringt ein gutes Gewissen."

Liebe Eltern, Euch zur Freude und zum Trost sei es geschrieben: Das gute und ruhige Gewissen vor dem Dreifaltigen Gott besitze ich. Ich stehe in Gottes Hand. Da ich nur monatlich einmal schreiben darf, so möchte ich Euch aus kindlich-dankbarem und priesterlichem Herzen zu Eurem 42. Hochzeitstag den priesterlichen Segen senden ...

Euer dankbarer
Franz

(aus: H. Kreutzberg, Franz Reinisch, 112 f.)

Innsbruck, am 23.6.42
(erhalten 28.6.42)

Lieber Franzl!

Habe Deinen lieben Brief vom 12.6.42 mit Freude erhalten. Tröste Dich, Mutter und ich werden Deine Freuden und Leiden teilen. Ich bin froh, daß ich mit Dir leiden kann. Es ist für einen Menschen ein schlimmes Zeichen, wenn ihn keine Leiden drücken. Ein Leid, das man in Ergebenheit Gott zuliebe erträgt, ist kein Leid. Der Mensch ist nicht immer Herr seines Weges. Der Weg, den ein Mensch oft gehen muß, ist ihm von Gott vorgeschrieben. Der Weg, den Du jetzt gehen mußt, wird zweifellos von Gott gewollt sein. Das Leid ist kurz und geht bald vorüber. Am Ende des auferlegten Leides steht die ewige Freude. Finis tuus gloriosus erit! Das Ende des Leides bzw. der Beginn der Ewigkeit wird herrlich sein. Man sagt, das Leben des Menschen ist eine Tragödie. Für glaubensfreudige, glaubensinnige Leute ist das Leben zwar auch ein Tränental, aber der Aufblick in die Ewigkeit, wo uns die ewigen Freuden erwarten, versüßt jedes Leid. In diesem Geiste das Leid ertragen – ist das kurze Erdenleben eine süße Last. Ein ruhiges Gewissen ist ein sanftes Ruhekissen. Ich bin überzeugt, daß es mit Dir gut ausgehen wird. Die Gerechtigkeit dürfte doch noch nicht ganz erstorben sein. Der liebe Gott wird alles gut machen. Was Gott tut, gereicht zum Heile. Also nur Mut, lieber Franzl, über den Sternen thront der allmächtige, allgütige Gott. Seine Milde, Liebe und Barmherzigkeit hat keine Grenzen. der liebe Herrgott ist ein schlechter Rechner. Bereute Fehler vergißt er, aber das Gute, das ein Mensch tut, ist verzeichnet im Buche des Lebens.

Ich danke Dir für Deine Gratulation zu unserem 42. Hochzeitstage. In der Messe werden wir sehr innig Deiner gedenken ...

Mit Gruß
Papa

Mein lieber Franzl!

Ich habe nichts hinzuzufügen als zu sagen, ich will noch mehr beten und opfern, bleib stark, Franzl, der Himmel ist unser Lohn. Mit Gruß und Segen

Deine Dich liebende
Mutter

(aus: H. Kreutzberg, Franz Reinisch, 113 f.)

Samstag, den 11.7.42

Liebe Eltern!

Zunächst herzlichen Dank für Euern trostreichen Brief. Lieber Papa, Du hast recht, wenn Du schreibst: "Der Mensch ist nicht immer Herr seines Weges. Er ist ihm oft von Gott vorgeschrieben!" Ich gehe ruhig und fest meinen einmal als richtig und als gottgewollt erkannten Weg zu Ende. "Christus ist meine Liebe, und Sterben mein Gewinn", denn das Kriterium für die Richtigkeit meines Weges ist, daß der Geist Jesu Christi – Heiliger Geist – niemals die Leitung einem entzieht, den er in der Festigkeit der Liebe zu ihm erzieht! – Und Mhc = Mater habebit curam! Die Dreimal Wunderbare Mutter-Jungfrau-Königin wird schon sorgen! Ich trage die feste Überzeugung in mir, daß die liebe Gottesmutter außergewöhnlich eingreift, falls ich auf falschem Weg wäre. Denn ich will ja nur eines: ihr Kind und Ritter sein.

"Servus Mariae nunquam peribit" – ein Diener Mariens geht niemals zugrunde! Nicht mein Wille geschehe, sondern Gottes Wille! ...

Euer dankbarer Franz

Als Antwort möchte ich gerne etwas über die liebe Gottesmutter hören!!!

Euer dankbarer Franz

(aus: H. Kreutzberg, Franz Reinisch, 116 f.)

Innsbruck, 18.7.42
(erhalten am 25.7.42)

Lieber Franzl!

Habe Deinen Brief vom 11.7.42 erhalten, der mich ungemein freute. Ich wurde tief gerührt über Deine große Liebe zur Gottesmutter. Du schreibst: "Servus Mariae nunquam peribit", die liebe Gottesmutter wird ihre Kinder niemals zugrunde gehen lassen. Ja, lieber Franzl, vertraue fest auf die liebe Gottesmutter, und Du wirst nicht zuschanden werden ... Also Franz, habe Mut und Vertrauen, das Ende wird herrlich sein. Beten wir recht fleißig zu ihr, damit der liebe Herrgott die Tage der jetzigen geheimnisvollen Heimsuchung abkürzen möge. Bei der Hochzeit zu Kana hat es sich zum erstenmal gezeigt, daß sie die Wunderbare ist. Obwohl Jesus bei ihrer Mitteilung, daß die Hochzeitsgäste keinen Wein mehr hätten, erklärt, daß die Zeit seines Wirkens noch nicht gekommen sei, so hat er doch auf die Fürbitte der lieben Gottesmutter sogleich das Weinwunder gewirkt. Kein Sperling fällt ohne Wissen und Willen des Herrn vom Dach. Was jetzt mit Dir geschieht, kommt nicht von ungefähr, sondern von oben her. Als Marienkind stehst du unter dem besonderen Schutz der Gottesmutter, und wie ich schon oben gesagt habe, Du wirst gewiß nicht zuschanden werden. Also vertraue recht fest auf die liebe Gottesmutter. Bete fleißig für uns, wie auch wir für dich beten. Bei uns gibt es derzeit nichts Neues!

Mit Gruß und Segen
Dein Papa

(aus: H. Kreutzberg, Franz Reinisch, 117-119)

Franz Reinischs letzter Brief an seinen Oberen:

Hochwürdigster P. Provinzial!

Im Angesicht des Todes vertraue ich Ihnen meinen letzten Brief an. "Ich will ewig für Sie beten."

Alle meine Werke gehören Christus, dem gekreuzigten König, der schmerzhaften Mutter und der glorreichen Königin. Die Liebe Christi drängt mich, alles zur unendlichen Ehre Gottes zu tun, zur Vernichtung der Sünde und zur Rettung der Seelen und dafür auch den Tod zu erleiden. Von ganzem Herzen danke ich Ihnen für alles Gute, das ich empfangen habe. Seien Sie gesegnet vom Herrn und von der Herrin bei all Ihren Werken. Ich grüße auch alle meine priesterlichen Mitbrüder.

Gelobt sei Jesus und Maria in Ewigkeit.
Verzeihen Sie mir alles, was ich fehl gemacht habe, und segnen Sie mich.

In Demut und Gehorsam und in der Liebe Christi.
Franz Reinisch

(aus: W. Schützeichel, Ein Mann trotzt Hitler, 69)

DIE PRÄSIDENTSCHAFTSKANZLEI

BEURKUNDET HIEMIT,

DASS DER BUNDESPRÄSIDENT DER REPUBLIK ÖSTERREICH

MIT ENTSCHLIESSUNG VOM

5. SEPTEMBER 1978

DEM PATER

FRANZ REINISCH

POSTHUM

DAS EHRENZEICHEN

FÜR VERDIENSTE UM DIE BEFREIUNG ÖSTERREICHS

VERLIEHEN HAT.

WIEN, AM 5. SEPTEMBER 1978

DER KABINETTSDIREKTOR:

Urkunde mit Ehrung durch die österreichische Regierung

Anmerkungen

1 K. Brantzen (Hrsg.), Pater Franz Reinisch, Märtyrer der Gewissenstreue, Bd. I: Im Angesicht des Todes, Tagebuch aus dem Gefängnis, Aufzeichnungen des Häftlings Pater Reinisch während seines Aufenthalts im Wehrmachtsgefängnis Berlin-Tegel vom 25. Juni bis 9. August 1942, und: Niederschriften des damaligen Standortpfarrers Heinrich Kreutzberg über seine Begegnungen mit Franz Reinisch in dessen Gefängniszelle, Vallendar-Schönstatt 1987, 70. (Weiterhin zitiert: Märtyrer I)
2 Ebd., 71.
3 Ebd., mar. = marianisch, lb. = lieben.
4 K. Brantzen (Hrsg), Pater Franz Reinisch, Märtyrer der Gewissenstreue Bd. II: Geheimnis der gekreuzigten Liebe, Meditation in der Gefängniszelle, niedergeschrieben in der letzten Woche vor seiner Enthauptung, Vallendar-Schönstatt 1987, 122. (Weiterhin zitiert: Märtyrer II)
5 Märtyrer I, 71.
6 Zeugenaussage vom 27. Oktober 1982, in: Akte I: Zeugenaussagen. Zeugenaussagen über Pater Reinisch, aufgenommen zwischen dem 30. Nov. 1978 und dem 21. Aug. 1985, Pater Franz Reinisch-Sekretariat, Schönstatt.
7 Märtyrer I, 72.
8 Märtyrer I, 75.
9 Ebd.
10 Ebd., 75f.
11 Vgl. J. Schäfers, Gestalt- und Strukturwandel des pallottinischen Erbes als Aufgabe und Chance, in: F. Courth/A. Weiser (Hrsg.), Mitverantwortung aller in der Kirche, Festschrift zum 150jährigen Bestehen der Gründung Vinzenz Pallottis, (= Glaube, Wissen, Wirken, Bd. IX), Limburg 1985, 93f.
12 Vgl. ebd., 93f.
13 Vgl. ebd., 94f.
14 Zeugenaussage vom 30. Nov. 1978, in: Akte I: Zeugenaussagen.
15 Märtyrer I, 76.
16 Akte II: Dokumente. Dokumente zum Leben Pater Reinischs, (Briefe, Karten und persönliche Aufzeichnungen), Pater Franz Reinisch-Sekretariat, Schönstatt.
17 Märtyrer I, 36.
18 Ebd., 77f.
19 J. Kentenich, Das Lebensgeheimnis Schönstatts, II. Teil: Bündnisfrömmigkeit, hrsg. von J. Schmitz, bearb. von F. Lüttgen, Vallendar-Schönstatt 1972, 57f.
20 Ebd., 58.
21 J. Kentenich, Erste Gründungsurkunde vom 18. Oktober 1914, in: Ders., Die Gründungsurkunden, Vallendar-Schönstatt 1979, 24.
22 E. Monnerjahn, Schönstatt, Eine Einführung, Münster 1972, 10.

23 J. Kentenich, Erste Gründungsurkunde vom 18. Oktober 1914, 23.

24 Märtyrer I, 78. MTA bedeutet Mater Ter Admirabilis = Dreimal wunderbare Mutter. Das ist der Titel, unter dem die Gottesmutter in Schönstatt verehrt wird. Er geht auf eine Vision des Jesuiten Jakob Rem vom 6. April 1604 zurück.

25 A. Hitler, Mein Kampf, Bd.2: Die nationalsozialistische Bewegung, München 1935, 321.

26 D.E. Mel'nikov/L.B. Cemaja, Die "totale Ideologie" Hitlers, in: K.D. Bracher/M. FunkelH.-A. Jacobsen (Hrsg.), Nationalsozialistische Diktatur 1933-1945, Eine Bilanz, (= Schriftenreihe der Bundeszentrale für politische Bildung, Bd. 192), Bonn 1986, 764.

27 H. Rauschning, Gespräche mit Hitler, Wien 1973, 50.

28 Ebd., 50

29 Ebd., 53.

30 Ebd., 51-54.

31 Märtyrer I, 20.

32 Verordnung des Reichspräsidenten zum Schutz von Volk und Staat, Berlin, den 28. Februar 1933, abgedr. in: Ursachen und Folgen, Bd. IX: Das Dritte Reich, Die Zertrümmerung des Parteienstaates und die Grundlegung der Diktatur, Berlin 1964, Nr. 1986, 53.

33 Gesetz zur Behebung der Not von Volk und Reich, Berlin, den 24. März 1933, abgedr. in: Ursachen und Folgen, Bd.IX, Nr. 2034, 156f.

34 A. Hitler, Regierungserklärung, gehalten in Berlin am 23. März 1933, abgedr. in: Ursachen und Folgen, Bd.IX, Nr. 2033, 141.

35 Kundgebung der deutschen Bischöfe vom 28. März 1933, abgedr. in: B. Stasiewski (Bearb.), Akten deutscher Bischöfe über die Lage der Kirche 1933-1945, Bd.I: 1933-1945, (=Veröffentlichungen der Kommission für Zeitgeschichte, Reihe A: Quellen, Bd.S), Mainz 1968, Nr.14a, 30-32.

36 Zitiert nach W. Hofer, Der Nationalsozialismus, Dokumente 1933-1945, Frankfurt a.M. 1983, Nr. 64,127.

37 Konkordat zwischen dem Heiligen Stuhl und dem Dritten Reich vom 20. Juli 1933, abgedr. in: G. Denzler/V. Fabricius, Die Kirchen im Dritten Reich, Christen und Nazis Hand in Hand?, Bd 2: Dokumente, Frankfurt a.M. 1984, 61.

38 K. Gotto/H.G. Hockerts/K. Repgen, Nationalsozialistische Herausforderung und kirchliche Antwort, Eine Bilanz, in: Karl Dietrich Bracher/Manfred Funke/Hans-Adolf Jacobsen (Hrsg.), Nationalsozialistische Diktatur 1933-1945, Eine Bilanz, 658f.

39 Ebd., 659.

40 Zeugenaussage vom 25. Februar 1982, in: Akte I: Zeugenaussagen.

41 Vgl. H. Kreutzberg, Franz Reinisch, Ein Martyrer unserer Zeit, Limburg 1953.

42 Ebd.

43 Ebd.

44 Zeugenaussagen, beide vom 17. November 1979, in: Akte I: Zeugenaussagen.

45 H. Kreutzberg, Franz Reinisch,
46 Zeugenaussage eines Mitbruders, der sich zur gleichen Zeit in Bruchsal aufhielt, vom 15. Februar 1982, in: Akte I: Zeugenaussagen.
47 Zeugenaussage vom 12. Februar 1985, in: Akte I: Zeugenaussagen.
48 Zeugenaussage vom 16. April 1988, in: Akte I: Zeugenaussagen.
49 Zeugenaussage vom 2. Juni 1981, in: Akte I: Zeugenaussagen.
50 Rede Schuschniggs, März 1938, abgedr. in: Ursachen und Folgen, Bd. XI: Das Dritte Reich, Innere Gleichschaltung, Der Staat und die Kirchen, Antikominternpakt – Achse Rom-Berlin, Der Weg ins Großdeutsche Reich, Nr. 2618, 633f.
51 H. Kreutzberg, Franz Reinisch, 44.
52 Zitiert nach E. Monnerjahn, Häftling Nr.29392, Der Gründer des Schönstattwerkes als Gefangener der Gestapo 1941-1945, Vallendar-Schönstatt 1973,151.
53 Zitiert nach H. Kreutzberg, Franz Reinisch, 46-51.
54 Ebd., 46.
55 Ebd.
56 Ebd.
57 Zeugenaussage vom 31. Januar 1986, in: Akte I: Zeugenaussagen.
58 Zeugenaussage vom 18. April 1980, in: Akte I: Zeugenaussagen.
59 Zeugenaussage vom April 1979, in: Akte I: Zeugenaussagen.
60 Ebd.
61 Das folgende Gespräch ist entnommen: W. Schützeichel, Ein Mann trotzt Hitler, in: Pallottis Werk 19, Heft 4 (1968), 53.
62 Zitiert nach: Der deutsche Widerstand 1933-1945, in: Informationen zur politischen Bildung 160, hrsg. von der Bundeszentrale für politische Bildung, Bonn 1987, 28.
63 Gesetz über das Staatsoberhaupt des Deutschen Reiches, Berlin, den 1. August 1934, abgedr. in: Ursachen und Folgen, Bd. X: Das Dritte Reich, Die Errichtung des Führerstaates. Die Abwendung von dem System der kollektiven Sicherheit, Berlin 1965, Nr. 2411a, 268.
64 Die Eidesformel der Wehrmacht vom 2. August 1934, abgedr. in: Ursachen und Folgen, Bd. X, Nr. 2411d, 270.
65 R.-Chr. Frhr. von Gersdorff, Soldat im Untergang, Frankfurt a.M.-Berlin-Wien 1977, 57.
66 Vgl. E. Monnerjahn, Häftling Nr. 29392, 151.
67 A. Hitler, Rede vor dem Reichstag, gehalten am 1. September 1939, abgedr. in: Ursachen und Folgen, Bd. XIII, Das Dritte Reich, Auf dem Weg zum Zweiten Weltkrieg, Von der Besetzung Prags bis zum Angriff auf Polen, Berlin um 1967, Nr. 2845a, 597- 602, hier: 601.
68 Vgl. Gesetz für den Aufbau der Wehrmacht, Berlin, den 16. März 1935, abgedr. in: Ursachen und Folgen, Bd. X, Nr. 2432c, 319.
69 Konkordat zwischen dem Heiligen Stuhl und dem Deutschen Reich vom 20. Juli 1933, abgedr. in: G. Denzler/V. Fabricius, Die Kirchen im Dritten Reich, Bd. 2, 73f.

70 Mater ter admirabilis = Dreimal wunderbare Mutter, vgl. zu diesem Titel die Anmerkung 24.
71 Pater F. Reinisch, Tagebucheintragung vom 1. März 1941, abgedr. in: W. Schützeichel, Ein Mann trotzt Hitler, 53-55.
72 Pater F. Reinisch schrieb diese beiden Briefe von Pater J. Kentenich in seinen Gefängnisniederschriften auf. Vgl. Märtyrer I, 53.
73 Zitiert nach W. Schützeichel, Ein Mann trotzt Hitler, 55.
74 Zeugenaussage vom 31. März 1983, in: Akte I: Zeugenaussagen.
75 Zeugenaussage vom 1. Juni 1979, in: Akte I: Zeugenaussagen.
76 Zeugenaussage vom April 1983, in: Akte I: Zeugenaussagen.
77 Heute tschechisch Kvilda
78 Zitiert nach H. Kreutzberg, Franz Reinisch, 63.
79 Ebd..
80 Zeugenaussage vom April 1979, in: Akte I: Zeugenaussagen.
81 Ebd..
82 W. Schützeichel, Ein Mann trotzt Hitler; 56.
83 Privater Abschiedsbrief vom 14. April 1942, in: Akte II: Dokumente.
84 Zeugenaussage vom 29. Mai 1988, in: Akte I: Zeugenaussagen.
85 Zitiert nach W. Schützeichel, Ein Mann trotzt Hitler, 58.
86 Ebd.
87 Nach der Satzung 210 war es Pflicht des höheren Oberen, ein Mitglied sofort zu entlassen und ihm auf der Stelle das Kleid der Gesellschaft zu entziehen, wenn ein schweres Ärgernis nach außen vorlag oder der Gemeinschaft ein sehr großer Schaden unmittelbar drohte.
88 Brief des Provinzials an Pater F. Reinisch vom 13. April 1942, abgedr. in: W. Schützeichel, Ein Mann trotzt Hitler, 57.
89 Ebd.
90 Märtyrer I, 23.
91 Privat-Bericht des Kriegsgerichtsrates von Würzburg, abgedr. in: W. Schützeichel, Ein Mann trotzt Hitler, 58-60.
92 Zitiert nach H. Kreutzberg, Franz Reinisch, 81.
93 Märtyrer I, 25.
94 Ebd.
95 Märtyrer I, 26. 33.
96 H. Kreutzberg, Franz Reinisch, 87.
97 Übersetzung: Dreimal wunderbare Mutter, es geht um Deine Sache.
98 Märtyrer I, 82. 60 f.
99 Märtyrer I, 42. 89.
100 Märtyrer I, 98.
101 Anklageverfügung des Reichskriegsgerichts, abgedr. in: B. M. Kempner, Priester vor Hitlers Tribunalen, München 1966, 343 f.
102 Märtyrer I, 61.
103 Märtyrer I, 61.
104 Märtyrer I, 56. 61. 64.
105 Ebd., 56.
106 Märtyrer I, 49.

107 Brief des Provinzialoberen an Pater F. Reinisch vom 16. Juli 1942 (Pater Reinisch erhielt ihn erst am 23. Juli), abgedr. in: W. Schützeichel, Ein Mann trotzt Hitler, 65.
108 Märtyrer I, 93.
109 Märtyrer I, 107 f.
110 Märtyrer I, 103.
111 Märtyrer I, 111 . 114.
112 Märtyrer II, 109.
113 Vgl. W. Schützeichel, Ein Mann trotzt Hitler, 65.
114 Märtyrer I, 120.
115 Märtyrer I, 122.
116 Pater F. Reinisch, Abschiedsbrief an seine Eltern, vom 20. auf den 21. August 1942, in: Akte II: Dokumente.
117 Pater F. Reinisch, letzter Brief an seinen Provinzialoberen, vom 20. auf den 21. August 1942, abgedr. in: W. Schützeichel, Ein Mann trotzt Hitler, 69.
118 Märtyrer I, 123.
119 Märtyrer I, 26.
120 Zitiert nach W. Schützeichel, Ein Mann trotzt Hitler, 59.
121 Märtyrer I, 41.
122 Märtyrer I, 90.
123 Ebd., 120.
124 Märtyrer I, 101.
125 Zitiert nach H. Kreutzberg, Franz Reinisch, 140.
126 Märtyrer I, 97.101.
127 Ebd., 99.
128 Märtyrer I, 62.
129 Ebd., 62.
130 J. Stemmrich, Kirche und Nationalsozialismus, Anmerkungen eines Zeitzeugen, in: Volker Eid (Hrsg.), Prophetie und Widerstand, (= Theologie zur Zeit, Bd. 5), 23-29, hier: 28.
131 L. Lehmhöfer, Zur tapferen Pflichterfüllung gerufen, Die Katholiken in Adolf Hitlers Krieg, in: M. Kringels – Kemen/L. Lehnhöfer, (Hrsg.), Kath. Kirche und NS-Staat, Aus der Vergangenheit lernen?, Frankfurt a.M. 1981, 83-99, hier: 86-89, 91-93.
132 H. Niederschlag, Gewissen: subjektive Willkür oder letzte Instanz?, Leben und Sterben von P. Franz Reinisch SAC, in: Regnum 23 (1989), 147-160, hier: 147 f.
133 Ebd., 148.
134 Zitiert nach L. Lehmhöfer, Zur tapferen Pflichterfüllung gerufen, 84.
135 Privat-Bericht des Kriegsgerichtsrates von Würzburg, abgedr. in: W. Schützeichel, Ein Mann trotzt Hitler, 59.
136 Gemeinsamer Hirtenbrief vom 7. Juni 1934: Darlegung und Verteidigung des wahren Glaubens gegenüber den Irrtümern und Angriffen der Zeit, abgedr. in: W. Corsten (Hrsg.), Kölner Aktenstücke zur Lage der katholischen Kirche, Nr. 34, 27-34, Köln 1949, hier: 31 f.

137 Erklärung der Fuldaer Bischofskonferenz bezüglich der vorgeschriebenen staatsbürgerlichen Eidesleistung vom August 1935, abgedr. in: ebd., Nr. 83, 79.
138 Ebd., 80.
139 Ebd.
140 Kundgebung der deutschen Bischöfe vom 28. März 1933, abgedr. in: B. Stasiewski (Bearb.), Akten deutscher Bischöfe über die Lage der Kirche, Bd. I, 30-32, hier: 31 f.
141 Gemeinsamer Hirtenbrief vom 3. Juni 1933: Wegweisungen, Wünsche, Forderungen für die neue Zeit, abgedr. in: W. Corsten (Hrsg.), Kölner Aktenstücke zur Lage der katholischen Kirche, Nr. 9, 7.
142 Gemeinsamer Hirtenbrief vom 19. August 1936: Der Bolschewismus und seine Abwehr in Deutschland, abgedr. in: ebd., Nr. 112, 130.
143 Ebd., 132.
144 Hirtenwort der deutschen Bischöfe über die Abwehr des Bolschewismus vom 24. Dezember 1936, abgedr. in: ebd., Nr. 130, 161.
145 H. Niederschlag, Gewissen: subjektive Willkür oder letzte Instanz?, 149.
146 Vgl. Zeugenaussage vom April 1979, in: Akte I: Zeugenaussagen.
147 Vgl. das Gespräch mit seinem Mitbruder im Sommer 1939 in Schönstatt.
148 Märtyrer I, 20.
149 Ebd., 50.
150 Märtyrer I, 49.
151 Ebd., 108.
152 Ebd., 20.
153 Zitiert nach H. Kreutzberg, Franz Reinisch, 140.
154 Ebd., 50.
155 Anklageverfügung des Reichskriegsgerichts vom 4. Juni 1942, abgedr. in: B.M. Kempner, Priester vor Hitlers Tribunalen, 343.
156 F. Kloidt, Verräter oder Martyrer?, Dokumente katholischer Blutzeugen der nationalsozialistischen Kirchenverfolgung geben Antwort, Düsseldorf 1962, 172.
157 Märtyrer I, 81.
158 Ebd., 66.
159 Ebd.
160 Ebd., 63.
161 Ebd., 101.
162 Ebd.
163 Ebd., 108 f.
164 Hirtenbrief des deutschen Episkopats vom 17. September 1939, abgedr. in: E. Beyreuther, Die Geschichte des Kirchenkampfes in Dokumenten 1933/45, Wuppertal 1966, Dokument l9b, 92.
165 Gemeinsamer Hirtenbrief vom 26. Juni 1941: Die Bedrückung der Kirche in Deutschland, abgedr. in: W. Corsten (Hrsg.), Kölner Aktenstücke zur Lage der katholischen Kirche, Nr. 209, 252-256, hier: 252 f.

166 L. Volk, Nationalsozialistischer Kirchenkampf und deutscher Episkopat, in: K. Gotto/ K. Repgen (Hrsg.), Die Katholiken und das Dritte Reich, Mainz 1990, 79.
167 C. Gröber, Kirche, Vaterland und Vaterlandsliebe, Freiburg 1935, 103 f.
168 Zeugenaussage vom April 1979, in: Akte I: Zeugenaussagen.
169 Märtyrer I, 101.
170 Ebd., 41.
171 Zitiert nach H. Kreutzberg, Franz Reinisch, 113.
172 Zitiert nach: D. von Hildebrand, Wahre Sittlichkeit und Situationsethik, Düsseldorf 1957, 159.
173 K. Rahner/H. Vorgrimler, Kleines Theologisches Wörterbuch, Freiburg-Basel-Wien 1985, 148.
174 Pater Reinisch, Tagebucheintragung vom 1. März 1941, abgedr. in: W. Schützeichel, Ein Mann trotzt Hitler, 53 f.
175 K. Rahner/H. Vorgrimler, Kleines Theologisches Wörterbuch, 148.
176 H. Niederschlag, Gewissen: subjektive Willkür oder letzte Instanz?, 154.
177 B. Schüller, Die Begründung sittlicher Urteile, Düsseldorf 1987, 46.
178 J. Fuchs, Gewissen und Gefolgschaft, in: Stimmen der Zeit 207 (1989), 308-320, hier: 310 f.
179 H. Rauschning, Gespräche mit Hitler, 210-212.
180 R. Spaemann, Moralische Grundbegriffe, München 1983, 84.
181 Pater Reinisch, Tagebucheintragung vom 1. März 1941, abgedr. in: W. Schützeichel, Ein Mann trotzt Hitler, 54.
182 Märtyrer I, 39.
183 Ebd.. 48.
184 Ebd., 102.
185 Ebd., 99.
186 Ebd.. 66.
187 Ebd., 103.
188 Ebd., 80.
189 Ebd., 44.
190 Ebd., 54.
191 Ebd.
192 Zeugenaussage vom 31. März 1983, in: Akte I: Zeugenaussagen.
193 Zeugenaussage vom 31. März 1983, in: Akte I: Zeugenaussagen.
194 Märtyrer I, 64.
195 Ebd., 64 f.
196 Pater F. Reinisch, Tagebucheintragung vom 1.3.1941, abgedr. in: W. Schützeichel, Ein Mann trotzt Hitler, 54.
197 Ebd.
198 Ebd.
199 Märtyrer I, 56.
200 Märtyrer II, 51.
201 Ebd., 103.
202 Ebd., 103 f.
203 Märtyrer I, 38 f.

204 Märtyrer I, 39. 44. 82.
205 Ebd., 82.
206 M. Broszat, Resistenz und Widerstand, Eine Zwischenbilanz des Forschungsprojekts, in: Bayern in der NS-Zeit, Bd. IV: Herrschaft und Gesellschaft im Konflikt, München-Wien 1981, 697.
207 K. Gotto/H.G. Hockerts/K. Repgen, Nationalsozialistische Herausforderung und kirchliche Antwort, 656 f.
208 Märtyrer I, 108.
209 Ebd., 109.
210 Ebd., 43. 101.
211 Ebd., 42.
212 Ebd., 99.
213 Ebd.
214 Ebd., 89.
215 Ebd.
216 Ebd., 102.
217 Ebd.
218 Ebd.
219 Zitiert nach: H. Kreutzberg, Franz Reinisch, 185.